Programación de una aplicación web con Java y Ajax

Emilio Aguilar Gutiérrez

Contenido

Introducción

La programación de una aplicación Web se enfrenta a muchos retos y dificultades que pueden solventarse de muchas maneras diferentes. Es la experiencia, y otros condicionantes externos, los que nos harán optar por una u otra solución.

En este libro, se documenta un método de desarrollo de aplicaciones Web que intenta ser sencillo y eficiente. Si bien, existen muchos otros; que pueden ser mejores o peores, según en qué aspectos y según qué opiniones.

El libro parte de ciertos supuestos que resultan imprescindibles para su correcto aprovechamiento. Estos son:

o El conocimiento de los lenguaje de programación Java y JavaScript. (Puede consultar el Anexo I: Palabras clave de Java y el Anexo II: Palabras clave de JavaScript, para refrescarlo).
o El lenguaje HTML.
o El uso de hojas de estilo: CSS.
o Conocimientos de bases de datos y de SQL.
o El lenguaje de modelado: UML.
o El paradigma de programación: MVC.

Entre otros... Si bien los dos últimos son opcionales, aunque necesarios.

El desarrollo de una aplicación Web presenta tres niveles arquitectónicos:

o **Cliente** ligero, es decir, un navegador web.
o **Medio** de comunicación. Por ejemplo: Internet; mediante HTTP o HTTPS.
o **Servidor**, es decir, el responsable de preparar las páginas web en respuesta a las peticiones del cliente. Éste, a su vez, se encuentra dividido en más niveles.

Los nivelen del Servidor son:

o Servidor Web, que conecta internamente con el servidor de aplicaciones.
o Servidor de Aplicaciones, en este caso utilizaremos el programa Tomcat como servidor de Servlets y JSP (Java Server Pages). El

cual conectará con el servidor de bases de datos mediante librerías de programación, desde el código programado.

o Servidor de Bases de Datos. Es el que da respuestas a las consultas realizadas al almacén de datos.

- La relación con la base de datos sigue una arquitectura **Cliente-Servidor**, pues el medio es propietario de la base de datos.

o También, el Servidor de Aplicaciones puede relacionarse, por programación, con muchos otros servidores, como el de Email, o el de Autenticación, por ejemplo.

Una aplicación Web consiste en todo el código necesario para conseguir dar respuesta a las necesidades funcionales de los usuarios de la misma. Esto incluye el uso de diferentes lenguajes de programación. Y el uso de distintos niveles de procesamiento de código. Así, una aplicación Web tiene:

o Una capa de presentación, que se visualiza en el navegador Web y que puede contener programas que se ejecutan en el cliente; en lenguaje JavaScript; u otro, como Java.

o Un código de programación que se ejecuta en el Servidor de Aplicaciones, en nuestro caso, en Java; siguiendo las normas de las páginas JSP (Java Server Pages) y de los Servlet (unas clases Java con una estructura determinada, que son ejecutadas por el servidor de aplicaciones Tomcat); y con accesos, desde ese código, a otros servicios como pueden ser las operaciones de Bases de Datos.

En una aplicación Web se combinan:

o Código de presentación, en HTML y CSS.
o Código de formato y de datos, en HTML o XML.
o Código de programación; en Java y JavaScript, principalmente.

Por este motivo, se combinan varios perfiles de desarrolladores. Y, por lógica, resulta conveniente separar al máximo cada capa de lenguajes de programación, y de utilidad final. Dicha separación ha dado lugar a un paradigma de programación denominado: **MVC (Modelo, Vista, Controlador)**:

o La capa de Modelo atiende a la estructura de la información, y al modo de generarla y recuperarla; incluyendo el tratamiento de las Bases de Datos.

o La capa de Vista se ocupa de la interfaz visual.
o La capa de Controlador realiza las validaciones; los cambios de página y programas; y la conjunción de la Vista con el Modelo de información.

En este libro vamos a establecer las bases para la construcción de una aplicación Web de ejemplo, siguiendo los siguientes principios:

o Sencillez.
o Facilidad de aprendizaje.
o Ejemplo básico de Modelo-Vista-Controlador.
o Ejemplo de operaciones con bases de datos.
o Interfaz de usuario funcional genérico.
o Cobertura de la operativa habitual en las aplicaciones web.

Así pues, la intención del libro es que, a su finalización, seamos capaces de construir una aplicación Web que sirva para crear nuevas aplicaciones Web diferenciadas.

El proceso general comienza con la definición de la funcionalidad básica que, luego, será implementada. Para, después, ir añadiéndole nuevas capacidades; y adaptando las que ya tenía para que se integren juntas. De modo que, paso a paso, lograremos terminar una aplicación completa.

Herramientas de desarrollo

Para la realización de la aplicación web que se describe en este libro se han utilizado las siguientes herramientas informáticas gratuitas:

o El desarrollo se ha realizado sobre un ordenador con sistema operativo Windows 7, aunque podría haberse realizado en otros sistemas operativos Windows e incluso sobre Linux.
o Servidor Web y de aplicaciones: Tomcat, servidor de bases de datos, servidor de FTP: Se ha empleado el paquete de instalación de aplicaciones XAMPP:
   (http://www.apachefriends.org/es/xampp.html).

- **Servidor Web y de aplicaciones**: Tomcat.
- **Servidor de Bases de Datos**: MySQL.
- **Gestor de Bases de Datos MySQL**: phpmyadmin.
- **Servidor de FTP**: Filezilla Server.

o **Entorno de programación Netbeans** para Java EE (Enterprise Edition) (https://netbeans.org/downloads/).
o Archivos de **ayuda de Java 1.8**: (http://docs.oracle.com/javase/8/docs/api/).
o Programa de **modelado UML: StarUML**. (http://staruml.sourceforge.net/en/).
o Programa de **edición de páginas Web: BlueGriffon** (http://bluegriffon.org/).
o Programa de **retoque de imágenes: Gimp** (www.gimp.org.es).

La instalación de todos estos programas no se trata en este libro, ni su optimización o configuración. En algunos casos, esta actividad presenta ciertas dificultades que deben superarse. Por lo que se recomienda tener mucha paciencia en las instalaciones, y leer las instrucciones, cuidadosamente, antes y durante la misma. Así como no salirse del guion más habitual de la instalación.

Sin embargo, debido a la complicación innecesaria que presenta la configuración de Tomcat, se añaden en este punto algunos comentarios:

1. Netbeans Java EE incluye un servidor Tomcat y un servidor GlashFish. No necesita instalarlos porque XAMPP instala un servidor Tomcat que es el que se utilizará en el libro.
2. El servidor Tomcat que instala XAMPP no tiene configurado los usuarios gestores ni administradores. Para poder crearlos hay que editar el archivo **tomcat-users.xml** que se encuentra en la carpeta **conf** situada en la carpeta donde se ha instalado **tomcat**.
    2.1. Añadir la línea:

    <user password="*clave*" roles="manager-script,manager-gui,admin-script,admin-gui" username="*nombre de usuario*" />

    2.2. Asegurarse de que la línea no está dentro de un comentario: <!-- *comentario* --> y que está dentro de la sección </tomcat-users>.
3. El servidor Tomcat que instala XAMPP no tiene configurada la capa segura SSL que se necesita para utilizar el protocolo HTTPS. Para ello tenemos que realizar una serie de operaciones algo complicadas:
    3.1. Utilizar el programa **keytool** que incluye Java en su JRE (Java Runtime Enviroment) y en su JDK (Java Development Kit).

3.2. Nos posicionamos en la carpeta de Java (c:\archivos de programas\java\jre1.*x.x_xx*).

3.3. Ejecutamos: **bin\keytool -genkey -alias tomcat -keyalg RSA -keystore** *c:\xampp\tomcat\conf\keystore*

    3.3.1. Contestamos a las preguntas, para configurar el almacén de claves.

    3.3.2. Teniendo en cuenta que: *c:\xampp\tomcat\conf*, es la carpeta de configuración de Tomcat. Donde XAMPP lo instaló.

    3.3.3. En la carpeta **conf** se instala un nuevo archivo: **keystore**

    3.3.4. Debemos guardar en algún sitio seguro la contraseña del almacén de claves.

3.4. Editamos el archivo **server.xml** de la carpeta **conf** de Tomcat.

    3.4.1. Buscamos el valor 8443 que es el número de puerto seguro que utiliza Tomcat por defecto.

    3.4.2. Quitamos los comentarios XML que rodean a la etiqueta XML: <Connector port="8443" ... >

    3.4.3. Añadimos dentro de esa etiqueta los atributos:
keystoreFile="*ruta al almacén de claves*/**keystore**"
keystorePass="*contraseña del almacén de claves*"

3.5. Una vez hechos los cambios, paramos Tomcat y lo volvemos a iniciar. Para que lea los cambios en la configuración.

3.6. Si todo es correcto: http://localhost:8080 presentará la página raíz de Tomcat. Y https://localhost:8443 también lo hará, una vez que aceptemos una excepción de seguridad para permitir un certificado de origen desconocido (el que hemos creado con **keytool**).

Instrucciones para seguir el libro

Este libro se ha escrito pensando en que su lector va a programar el código necesario para cubrir las funcionalidades que se proponen. Por ello, no se presenta todo el código fuente en él, sino solamente las partes más importantes.

El lector debe programar la aplicación Web que se describe; empleando las herramientas adecuadas, y codificando los archivos indicados a medida que estos se comentan.

Por todo lo anterior, el primer paso debería ser la instalación del software necesario para programar una aplicación Web. Luego ir, archivo a archivo, logrando que todo funcione.

El proceso de aprendizaje requiere un trabajo importante que debe realizarse con esfuerzo y sacrificio. Pues no siempre se obtendrá éxito la primera vez (más bien eso no ocurrirá casi nunca). La voluntad de aprender debe ser capaz de permitir superar todas las dificultades. Además, la capacidad de autoaprendizaje, encontrando información adicional, y estudiando bien el código, será un factor importantísimo para llegar a la realización de la aplicación Web que el libro propone. Y, desde allí, a la creación de nuevas aplicaciones Web en PHP.

La propuesta que este libro presenta no es la única solución. Pero, la experiencia que proporciona, puede permitir un trabajo más eficiente que si se optara por seguir un camino diferente, improvisado. Pues, de esa manera, se cometerían errores; que este libro pretende que el lector no cometa.

Definición de una aplicación Web

Tal y como se ha mencionado en la introducción. Una aplicación Web tiene muchas capas distintas de implementación, e implica muchos sistemas informáticos y plataformas.

El modo de comenzar un desarrollo informático pasa por la realización de unas tareas comerciales y de investigación previas: ¿Es un desarrollo que no existe en el mercado? ¿Nuestro desarrollo aporta mejoras que los demás productos no aportan? ¿Quiénes son los destinatarios de nuestra aplicación? ¿Deseamos que sea gratuita, comercial, o mixta? ¿Es para particulares o de distribución general? Etc.

Una vez que resolvemos las primeras cuestiones, debemos estudiar cuál es el servicio que nuestra aplicación va a ofrecer. Si resulta que la funcionalidad que queremos implementar corresponden con un área de servicios que no son conocidas por los ingenieros informáticos; entonces, es preciso conseguir asesoramiento externo. A menudo, el interlocutor, de éste, suele ser el propio destinatario de la aplicación informática que vamos a construir.

Casos de uso de UML

En el caso de que debamos obtener información funcional, para construir una aplicación, de una persona que no tiene conocimientos de desarrollo informático; resulta muy complicado el entendimiento. Ya que, el punto de vista de su funcionamiento, puede ser muy diferente respecto de aquel que tiene quien debe construirla.

Para resolver esas diferencias, se utilizan técnicas de simplificación de los mensajes informativos. Reduciéndolos hasta el nivel de frases descriptivas, y relaciones entre ellas. Esto se representa mediante diagramas visuales; que se denominan, en algunos casos, como "mapas conceptuales".

La metodología de modelado de software UML presenta muchos tipos de diagramas; uno de los cuales, denominado: **Casos de Uso**, permite realizar un modelo visual muy semejante al de los mapas conceptuales. La manera de crear diagramas UML es muy variada, aunque se recomienda la siguiente:

o Identificar los **actores** que van a participar en el sistema informático que construir. Estos pueden ser, por ejemplo:

- El administrador del sistema.
- El usuario supervisor o validador de los contenidos.
- El usuario editor o creador de contenidos.
- El usuario visitante registrado, con permisos para realizar diferentes acciones en la aplicación.
- El usuario visitante no registrado, que puede realizar ciertas tareas, más reducidas que las que puede realizar el visitante registrado.

o Preguntar, para cada **actor**: ¿Qué acciones puede realizar en el sistema?

- Cada acción comenzará por un **verbo en infinitivo** y le seguirá un predicado de uso. A cada una de esas frases se denomina un "**caso de uso**".
- Es importante tener en cuenta que los "**casos de uso**" no deben tener relación temporal entre ellos. No nos interesa que nos los ordenen en una secuencia de tipo: primero hace esto, luego esto otro, después lo siguiente, etc. Nos interesa saber "qué hacer", no "cómo", ni "cuándo", ni otras cuestiones que se responderán en otros momentos.

o Para cada caso de uso directo que el "**actor**" puede realizar, preguntaremos: Hacer esta acción... ¿Qué otras acciones implica o permite? De esta manera, obtendremos las subacciones que se pueden realizar para llevarlo a cabo; o que son precisas, en el caso de uso que estamos definiendo en ese momento.

- Los nombres de los nuevos casos de uso, y todos en general, tendrán la misma estructura: verbo en infinitivo y predicado de uso.

o Los casos de uso pueden ser accesibles desde múltiples casos más generales o por los que se necesita pasar previamente. Debemos impedir que se repitan, si son el mismo; o diferenciarlos claramente, si no lo son. Por eso, es importante que sus nombres sean muy claros.

o Los casos de uso pueden tener **dependencias**, de modo que un caso de uso precisa que se hayan cubierto otros casos de uso. Se representan con una flecha punteada.

o   Un caso de uso puede llevar a un **nuevo diagrama** de casos de uso, en lugar de conducir a otros casos de uso directamente. En ese caso, **el diagrama debería tener exactamente el mismo nombre** que el caso de uso que representa. Y, en él, aparecer dicho caso de uso. Opcionalmente, para indicar que existe ese diagrama, al nombre del caso de uso le pondremos un asterisco (*) al final.

Los diagramas UML pueden generarse utilizando la herramienta gratuita **StarUML**.

La aplicación que se va a desarrollar en este libro consiste en un sistema que permite que un usuario pueda crear, y modificar, un documento HTML almacenado en el sitio Web. Y que los siguientes usuarios puedan consultar ese documento; y recibir los cambios en línea, cada poco tiempo.

Los casos de uso que podría realizar el primer usuario, el que puede crear y modificar un documento en concreto se pueden ver en la Ilustración 1.

Otro escenario distinto, para la misma aplicación, sería el que se corresponde con los casos de uso que puede realizar un actor que acceda al sitio Web cuando un documento está siendo modificado por un primer usuario. Es el escenario correspondiente con los actores: Siguientes usuarios (lectores), como puede verse en la Ilustración 2

Los casos de uso permiten establecer una comunicación entre grupos con distintos niveles de conocimiento, en base de la simplificación del lenguaje utilizado.

Existen elementos que no se detallan en los casos de uso, y que se deben completar de otra manera. En nuestro desarrollo, debemos definir cada cuánto tiempo se van a enviar los cambios al servidor. Y cada cuánto tiempo se van a recibir del servidor. Tras tomar una decisión al respecto, dichos tiempos serán:

o   Cada 5 segundos se enviarán los cambios, desde el que escribe.
o   Y cada 5 segundos se pedirán los cambios, desde los clientes que leen.

Casos de Uso de un Editor HTML para compartir texto en Internet (Primer usuario)

Ilustración 1: Casos de uso de un Editor para escribir código HTML y compartirlo.

Además, en el caso de que el usuario no haga cambios en el documento, no se enviará ningún cambio. Sin embargo, es necesario dar indicación de que el documento está bloqueado para que lo edite otro usuario. Para ello:

o Cada 3 minutos se envía una notificación indicando que el documento sigue estando activo para edición en ese cliente.

Si se dejan de recibir cambios, y avisos de que el bloqueo continúa, el archivo debe considerarse disponible para ser editado por otro usuario. Pero se debe dar un tiempo. Para prevenir el problema que sería considerar que está desbloqueado; cuando, en realidad, sigue siendo editado por el **primer usuario**.

o Por eso, se establece que un archivo está desbloqueado. Es decir, disponible para ser modificado por otro usuario, cuando han pasado 5 minutos sin actualizarse. Teniendo en cuenta que como mínimo, cada 3 minutos se marca una actualización si el documento estuviera siendo editado por un **primer usuario**.

Otro escenario que considerar hace referencia al "derecho al olvido". Es decir, cómo eliminar las acciones realizadas en la aplicación Web. Y aquí surge una cuestión interesante: Nadie es el propietario del documento. Ya que no existe un registro de los usuarios. Por lo tanto, el primero que lo edita puede dejarlo y, luego, editarlo otra persona.

Casos de Uso de un Editor HTML para compartir texto en Internet (Siguientes usuarios)

Ilustración 2: Casos de uso para los lectores de un documento HTML en línea.

Al no haber un propietario, la pregunta de ¿quién tiene derecho a borrar un documento? Se queda sin responder. Pues el que lo borrara evitaría que los demás lo utilizaran, y tienen el mismo derecho que el que lo borrara. Al no existir un privilegio de borrado, y tener unas consecuencias tan negativas, se decide que nadie puede borrar un documento. Pero ¿puede existir un documento eternamente? La respuesta es: no. Deben eliminarse pasado un tiempo. Y quien los eliminará no será un usuario. Será la propia aplicación Web.

Se debe determinar cuál es la vida que se permitirá para un documento.

o Y se decide que se borrarán los documentos que en 10 días no hayan sido actualizados.

Sin embargo, el proceso de borrado debe desencadenarse de alguna manera. Puede ser un control que se le añade a un proceso asociado a un calendario, o a un cronómetro. Pero es más sencillo encontrar una acción que dispare el borrado. Por lo que, finalmente, se decide que la acción sea la de editar un documento.

o Cuando se vaya a abrir un documento, se revisan los demás y se borran los que sean antiguos.

El diagrama de casos de uso que documenta ese escenario es el de la Ilustración 3.

Posteriormente, se realizarán otras tareas para llegar a concretar, en más detalle, las funciones que debe poder realizar la aplicación a desarrollar. En este primer momento, solo se cubre el "**qué**". Por lo que faltarán por definir el "**cómo**" y el "**cuándo**", entre otros aspectos; para lo que se pueden emplear otros tipos de diagramas UML.

La interfaz de usuario

Una vez que se ha obtenido un esquema inicial, para entender la funcionalidad que desarrollar. Y que se ha comprendido bien el significado exacto de las funciones que se piden que ofrezca la aplicación; podemos pasar a definir el formato con el que el usuario va a poder acceder a las mismas.

El interfaz de una aplicación Web se describe mediante el lenguaje HTML, de definición de páginas Web; y el uso de las hojas de estilo en cascada: CSS.

Las aplicaciones Web utilizan fragmentos de código de presentación que se combinan en un marco principal. Cada uno de los fragmentos, se denominan "**vistas**". Y las páginas que las aglutinan son las páginas principales de cada funcionalidad.

En general, una aplicación tiene una estructura común para todas las páginas principales. Y se puede estructurar más aún, de modo que existan vistas que se compongan de otras subvistas.

Una aplicación Web suele tener las siguientes partes de presentación:

o Una sección para la **cabecera de la aplicación** Web. Aparecerán:

  • La imagen con el logotipo de la aplicación.

  • A continuación, el nombre de la aplicación.

o Por debajo se sitúa una lista vertical conteniendo las acciones que pueden realizarse en esa aplicación, para ese usuario y en función de su comportamiento previo. Es la sección del **menú izquierdo.**

o Le sigue **la sección de contenidos específicos,** donde se realizan las peticiones detalladas de operaciones y se presentan los resultados.

o Por debajo del menú izquierdo y de la sección de contenidos se sitúa la sección del **pie de la aplicación.**

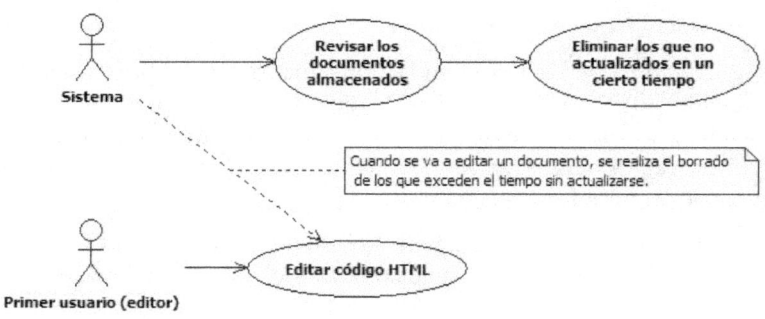

Ilustración 3: Eliminar los documentos almacenados

La configuración presentada no es la única posible, y existen muchas otras. Pero en este libro se seguirá ésta, pues es una de las más habituales.

La forma de construir el interfaz de usuario puede ayudar a entender la funcionalidad. Y es conveniente que sea supervisada, y validada, por los expertos en la misma. Esto puede dar lugar a un trabajo adicional; pues las diferencias entre los intereses del diseñador de la interfaz de usuario, y los de los conocedores de la funcionalidad, podrían conducir a algunos conflictos.

La interfaz de usuario, además, es la parte de una aplicación Web más susceptible de ser modificada, para adaptarse a los gustos de los usuarios o de las nuevas corrientes estéticas.

Por otro lado, la llegada de nuevos dispositivos, para consultar páginas, hace que pueda ser necesario que la interfaz se adapte a ellos de una manera diferenciada. Lo que puede llevar a que existan distintos interfaces de usuario para la misma aplicación: unos para la pantalla del ordenador; y otros para las pantallas menores, como las de los teléfonos móviles. Surgen, entonces, diferentes formatos: pantalla **normal**, tipo ordenador; pantalla **apaisada**, más ancha que alta; y pantalla **vertical**, más alta que ancha.

Para lograr cambiar las configuraciones visuales sin alterar los datos que presentan, se hace uso de distintas **hojas de estilo**. De modo que, éstas últimas, contienen la información de tamaños, posiciones, y otros aspectos visuales; evitando que dicha información se encuentre escrita, directamente, en las páginas Web.

Una aplicación Web comienza por una página principal. Normalmente se denomina "**index**", aunque puede tener otro nombre. En ella se sitúa el primer marco de control de la presentación visual de la información.

Una página de código HTML presenta dos secciones principales: cabecera y cuerpo.

- La **cabecera** (header) contiene el **título de la página**, que se utiliza para informar al usuario del navegador Web del historial de páginas visitadas. También allí, se incluye **el icono de la aplicación**, que aparece en las lengüetas que abre el navegador Web. Otros elementos de la cabecera son:
    - La información sobre el **juego de caracteres** empleado en la página Web. Este puede ser **ISO-8859-1** (Latin-1) o **UTF-8** en las páginas en Español. Pero pueden ser muchos otros.
    - Las **referencias a las hojas de estilo CSS** que utilizar.
    - Las **referencias a los programas JavaScript** que cargar.
- En el **cuerpo** (body) se presentan todos los elementos que se visualizan en el navegador Web, y otros que permanecen ocultos. En general, la estructura de una página Web se describe mediante bloques (con la etiqueta **<div>**), tablas (con la etiqueta **<table>**) o formularios (con la etiqueta **<form>** e **<input>**) entre otras.

Para construir un ejemplo de página index, primero generamos un prototipo de la misma. Luego, lo adaptamos para que se componga de vistas; y esté controlada por el código de programación Java.

El prototipo

Utilizando **Bluegriffon** podemos crear una estructura básica, un código formado por una cabecera y un cuerpo conteniendo el código HTML:

```
<!DOCTYPE html>
<html>
<head>
    <meta content="text/html; charset=UTF-8" http-
    equiv="content-type">
    <meta content="Emilio Aguilar Gutiérrez" name="author">
    <meta content="Página Web principal de la aplicación de
    ejemplo del libro &quot;Programación de una aplicación
    Web con Java y Ajax&quot;." name="description">
    <meta content="Programación, Web, Java, JSP,
    JavaScript, Ajax" name="keywords">
    <title>Ejemplo de aplicación Web</title>
</head>
<body>
<div>
    <div>
        <div>
            <div>Logotipo</div>
            <div>Título</div>
        </div>
    </div>
    <div>
        <div>Menú izquierdo</div>
        <div>Cuerpo</div>
    </div>
</div>
<div>Pie de página</div>
</body>
</html>
```

En la cabecera, hemos empleado las etiquetas **<meta>** y **<title>**.

En el cuerpo, se han empleado etiquetas **<div>** y texto para identificar cada una de las secciones de la página Web.

Este código se ha escrito directamente, sin emplear la interfaz gráfica de la aplicación **Bluegriffon**.

A continuación, se modifica ese código incluyendo la primera aproximación visual, dándole formato y colores a las etiquetas. Utilizaremos hojas de estilo CSS para realizarlo. Y modificaremos el código HTML de la página para incluir información de los estilos que utilizar.

Existen tres formas de dar estilo visual con CSS a una etiqueta:

o   Darle formato a todas las **etiquetas** que tienen un nombre determinado. Por ejemplo, la etiqueta **<a>**, que define anclas de hiperenlaces, puede definir su aspecto para que no tenga la decoración de texto por defecto, es decir, subrayado. O, por ejemplo, para definir las características del texto del cuerpo de la página Web:

```
a {
  text-decoration: none;
}
body {
  font-family: Garamond, "Times New Roman";
}
```

o   Asignarle un **identificador** único, que no puede tener ningún otro elemento en esa página. Al definirlas, comienzan por **#**. Por ejemplo, para el marco de página, los estilos únicos serían.

```
#tabla_principal {
  display: table;
}

#cabecera_principal {
  display: table-row;
}

#logotipo_principal {
  display: table-cell;
}

#titulo_principal {
  display: table-cell;
}

#cuerpo_principal {
  display: table-row;
}

#menu_izquierdo {
```

```
    display: table-cell;
}

#contenido {
    display: table-cell;
}

#pie_principal {
    display: table-row;
}
```

o   Utilizar una **clase** para dar estilo a un elemento, pero que se puede utilizar para otros elementos dentro de la misma página. Al definirlas, comienzan por punto ".". Por ejemplo, para centrar el texto dentro de un elemento.

```
.centrar {
    text-align: center;
}
```

En el código de la página Web solo se indican los atributos "**id**" o "**clase**" para indicar el formato que queremos darles. En el caso de "**clase**" podemos poner varias clases, separadas por espacios en blanco y teniendo en cuenta que se aplican los estilos de izquierda a derecha.

El código final del cuerpo de la página sería:

```
<body>
<div id="tabla_principal">
    <div class="centrar" id="cabecera_principal">
        <div id="logotipo_principal">Logotipo</div>
        <div id="titulo_principal">T&iacute;tulo</div>
    </div>
    <div id="cuerpo_principal">
        <div id="menu_izquierdo">Men&uacute;
izquierdo</div>
        <div id="contenido">Cuerpo</div>
    </div>
</div>
<div id="pie_principal">Pie de p&aacute;gina</div>
</body>
```

Puede observarse que el formato está indicado con "**class**" e "**id**" dentro de las etiquetas correspondientes.

También pueden verse que los acentos, y otros caracteres especiales, se han convertido en **códigos de caracteres HTML**. Por ejemplo "á" es **á** y el espacio en blanco es ** **

En la **cabecera** se ha incluido una línea adicional que hace referencia al archivo de estilos CSS. El cual hemos denominado "ejemplo.css":

```
<Link href="ejemplo.css" rel="stylesheet" type="text/css">
```

Ahora, simplemente modificando la hoja de estilo CSS, podemos cambiarlos; añadiéndoles gran cantidad de opciones.

Hay que tener en cuenta que las dimensiones se pueden dar en unidades y en porcentajes. Y que las unidades admitidas son muy distintas: "**px**" para pixeles, "**mm**" para milímetros, "**em**" para dar un valor decimal proporcional al tamaño de una letra, etc. Para el tamaño de letra se usa "**em**", o "**pt**" para puntos, entre otras; pero es preferible "**em**" (usando punto decimal).

Tras modificar los estilos CSS, la página podría visualizarse tal y como se ve en la Ilustración 4.

Ilustración 4: Página principal. Aspecto inicial.

El logotipo

El logotipo de una aplicación es su señal de identidad, su marca. Y, por tanto, es lo que los usuarios conocerán antes, incluso, de llegar a utilizarla. Su aspecto sugiere un atractivo, o una personalidad, referente al equipo que ha trabajado en ella. Los colores de un logotipo, además, deben seguir presentes en la aplicación, por coherencia o por continuidad estética.

Para definir un logotipo se recurre a diseñadores gráficos con talento artístico y creativo. Pero, para el ejemplo que estamos presentando, no es preciso un trabajo demasiado exigente; a pesar de lo importante que es.

Para crear el logotipo utilizaremos la aplicación Gimp y emplearemos manchas difusas, biseladas, sobre las que aparecerá el texto PAWJA, que es el acrónimo de: Programación de una Aplicación Web con Java y Ajax. Su tamaño será de 150 x 50 pixeles.

El logotipo propuesto es suficiente para el ejemplo que estamos empleando, tal y como se muestra en la Ilustración 5.

Ilustración 5: Logotipo de PAWJA

Una vez que tenemos el logotipo, lo utilizamos también como icono de las lengüetas del navegador Web. Para ello es preciso guardar una imagen un formato de imagen, por ejemplo "png"; con un tamaño pequeño, de menos de 64x64 pixeles. Y le llamamos **"favicon.png"**, situado en la carpeta: **"imagenes"**. Además, añadimos una línea a la cabecera de la página:

```
<link rel="icon" href="imagenes/favicon.png"
   type="image/png">
```

El menú izquierdo

El menú izquierdo se puede construir como una lista no numerada de HTML, con la etiqueta:**<ul>**. Los expertos de la funcionalidad deben determinar las operaciones que aparecerán en él;

en función del tipo del usuario y de su comportamiento con de la aplicación.

Según los casos de uso documentados, la lista de operaciones sería:

o *Nuevo*. Inicia un documento.
o *Abrir*. Permite seleccionar un documento guardado.
o *Importar*. Permite enviar un texto para editarlo.
o *Guardar*. Almacena, en el servidor de aplicaciones, el documento.

Además de las opciones normales de la funcionalidad, existen otras que suelen ser habituales en los sitios Web:

o *Inicio*: Lleva a la página principal.
o *Conózcanos*. Da acceso a una página donde se describen las características de la aplicación.
o *Contacto*. Permite acceder a una página donde se encuentra la información de contacto o de soporte.
o *Idioma* (español, inglés). Permite modificar el lenguaje del texto que se visualiza en el sitio Web. Esta opción se sitúa en la cabecera, en lugar de ponerla en el menú de la izquierda.

Se crean dos nuevas clases en la **hoja de estilo CSS**, una para llamada ".lista" y otra ".lista_linea" que se utilizarán en los elementos **<ul>** y **<li>** respectivamente.

```
<ul class="lista">
  <li class="lista_linea">Inicio</li>
  <li class="lista_linea">Abrir</li>
  <li class="lista_linea">Nuevo</li>
  <li class="lista_linea">Importar</li>
  <li class="lista_linea">Guardar</li>
  <li class="lista_linea">Conózcanos</li>
  <li class="lista_linea">Contáctenos</li>
</ul>
```

Los estilos definen que la lista no tiene indicador de línea de lista, establece unos márgenes alrededor, y pone el tipo de letra en negrita:

```
.lista {
  list-style-type: none;
  margin-top: 10px;
  margin-right: 5px;
  margin-bottom: 10px;
  margin-left: 5px;
}
```

```
.lista_linea {
  padding-top: 0px;
  padding-right: 0px;
  padding-bottom: 5px;
  padding-left: 0px;
  font-weight: bold;
}
```

La hoja de estilo de la visualización vertical

Una vez que tenemos una presentación adecuada para la **pantalla** del ordenador, podemos definir un archivo de estilo (CSS) para la visualización en pantallas más altas que anchas, es decir, la **visualización vertical**. Y para las pantallas más anchas que altas, la **visualización apaisada**; aunque estas últimas pueden emplear la misma que se usa para las pantallas de ordenador.

Para las pantallas más altas que anchas, creamos una nueva hoja de estilo, que denominamos "*ejemplo_vertical.css*", a partir de la hoja de estilo para la presentación normal: "*ejemplo.css*". Modificando los estilos para las etiquetas **<div>**. Donde las propiedades "**display**" y "**width**", estaban puestas a "**table**" y "**100%**", respectivamente. Así, para la nueva hoja de estilo, se modifican algunos tamaños fijos. Y, también, se modifica la propiedad "**display**" para que sea "**inline**", y se disponga horizontalmente. De esa manera, se consigue la verticalidad de la disposición de esos elementos; tal y como se ve en la Ilustración 6.

El cuerpo de la aplicación

La zona donde se captan los datos de los usuarios, y donde se presentan los resultados de sus consultas, es el cuerpo de la aplicación. Allí es donde se sitúan las vistas de cada funcionalidad.

La zona del cuerpo tiene algunas secciones que suelen estar presentes:

o **Navegación**: Consiste en una línea donde se van presentando las secciones anidadas a las que el usuario va accediendo, por ejemplo: Inicio > Función > Subfunción
o **Mensajes de error o de confirmación**. En esta sección se informa al usuario del resultado de su acción, o de los posibles

errores en los datos de un formulario. Estos mensajes suelen destacarse especialmente, normalmente con color rojo.

El pie de página

Contiene información de los autores de la página y otra información que siempre debe estar accesible, y que no tiene relación directa con la funcionalidad, como una descripción corta de la aplicación o el copyright. Así, se pueden incluir, también, en el pie de página enlaces a "conózcanos" y a "contáctenos". Esta sección tiene una disposición horizontal, por lo que, para construir sus opciones se usan las etiquetas **<ul>** y **<li>**, como una lista horizontal, mediante el uso de estilos CSS con la propiedad "**display**" puesta a "**inline**".

Ilustración 6: Página inicial con una hoja de estilo para la presentación vertical.

El cambio de hoja de estilo

Determinar qué hoja de estilo utilizar, puede hacerse, automáticamente; utilizando código de programación cliente, en

JavaScript. Para ello, se escribe un pequeño programa que irá en la cabecera del código de la página. Un ejemplo del código que cambia el archivo de la hoja de estilo al cargarse, sería:

```
<script>
  if (window.innerWidth < 800) {
    if (window.innerWidth < window.innerHeight * 3/4) {
      document.write ('<link href="vertical.css"
        rel="stylesheet" type="text/css">');
    } else {
      document.write ('<link href="horizontal.css"
        rel="stylesheet" type="text/css">');
    }
  } else {
    document.write ('<link href=" horizontal.css"
      rel="stylesheet" type="text/css">');
  }
</script>
```

La aprobación del prototipo

El prototipo se codifica en lenguaje HTML, normalmente, y solo contempla el aspecto visual. Puede tener varias páginas para cubrir diferentes funcionalidades. Y se genera en colaboración con los expertos en las características de la aplicación a desarrollar.

La interfaz de usuario debe probarse en varios navegadores Web: Chrome, Firefox, Internet Explorer, Safari u Opera, por ejemplo.

La página JSP

Dividir la página Web en vistas

Una vez que tenemos el aspecto visual definido, vamos a comenzar a trabajar, modificando el archivo "**index**", para que el código JSP pueda realizar los comportamientos propios de cada funcionalidad. La página deberá tener la extensión "**.jsp**", ya que contendrá código Java según las normas de las páginas de servidor Java.

El primer paso consistirá en preparar la página de inicio para que incluya las vistas de las secciones en las que hemos dividido la página:

o   Cabecera.

o   Margen izquierdo.

o   Contenido.

o   Pie.

Por tanto, la página Web pasará a tener el aspecto que se presenta a continuación. En ella se le ha incluido código Java usando el comienzo de etiqueta: **<%** y el fin de etiqueta: **%>**. O se han incluido valores de variables mediante el uso de la etiqueta con inicio: **<%=** y fin: **%>**.

Para configurar la página JSP se han utilizado la etiqueta con inicio: **<%@***etiqueta* y fin: **%>**; en ellas se ponen directivas concretas de JSP. También se emplean etiquetas XML con inicio: **<jsp:***etiqueta* y fin: **/>**.

```
<%@page contentType="text/html" pageEncoding="UTF-8"%>
<jsp:useBean id="configuracion_mod"
    class="pawja.Configuraciones_mod" scope="session" />
<jsp:useBean id="pagina_mod" class="base.Paginas_mod"
    scope="request" />
<%
String vista = "inicio";
String pagina = null;

if (pagina_mod.getCambio_pagina () == null) {
    // No ha habido un cambio de página en esta misma
    // petición (request).
    if (request.getParameter ("id") != null) {
        String id_vista = (String) request.getParameter
        ("id");
```

```
                if (id_vista != null && !id_vista.isEmpty ()) {
                    vista = id_vista;
                }
        } else if (session.getAttribute ("id") != null) {
            vista = (String) session.getAttribute ("id");
        }
        String nueva_vista = "";
        while (true) {
            String archivo = "/WEB-INF/vistas/" + vista +
              "_vis_pag.jsp";
            ServletContext servlet_context =
              this.getServletContext ();
            String real_path = pagina_mod.leer_ruta_real
              (servlet_context, archivo);
            if (real_path != null && !real_path.isEmpty ()) {
                java.io.File file = new java.io.File
                  (real_path);
                if (file.exists ()) {
%>
                    <jsp:include page='<%= archivo %>'/>
<%
                }
            }
            pagina = pagina_mod.getCambio_pagina ();
            if (pagina != null) {
                break;
            } else {
                nueva_vista = pagina_mod.recuperar_vista
                  (session, "id", vista);
                if (nueva_vista == vista) {
                    break;
                } else {
                    vista = nueva_vista;
                }
            }
        }
    }
    if (pagina == null) {
        if (request.getParameter ("id_pag") != null) {
            pagina = request.getParameter ("id_pag");
        } else if (session.getAttribute ("id_pag") != null) {
            pagina = session.getAttribute ("id_pag").toString
            ();
        }
    }
    if (pagina != null) {
        session.setAttribute ("id_pag", pagina);
```

```
%>
    <jsp:include page='<%= (pagina + ".jsp")%>'/>
<%
} else {
%>
<!DOCTYPE html>
<html lang="spa">
    <head>
        <meta content="text/html; charset=UTF-8" http-
        equiv="content-type">
        <script type="text/javascript"
        src="javascript/traducciones_mod.js"></script>
        <script type="text/javascript"
        src="javascript/configuraciones_mod.js"></script>
        <script type="text/javascript">
        traduccion_mod.idioma = "<%=
            configuracion_mod.leer_idioma (session) %>";
        </script>
        <title>Ejemplo de aplicaci&oacute;n Web</title>
        <meta content="Emilio Aguilar Guti&eacute;rrez"
        name="author">
        <meta content="P&aacute;gina Web principal de la
        aplicaci&oacute;n de ejemplo del libro
        &quot;Programaci&oacute;n de una
        aplicaci&oacute;n Web con Java y Ajax&quot;."
        name="description">
        <meta content="Programaci&oacute;n, Web, Java, JSP,
        Javascript, Ajax" name="keywords">
        <link rel="icon" href="imagenes/logotipo.png"
        type="image/pgn">
        <script>
        if (window.innerWidth < 800) {
            if (window.innerWidth < window.innerHeight *
            3/4)
            {
                document.write ('<link
                 href="ejemplo_vertical.css"
                 rel="stylesheet" type="text/css">');
            } else {
                document.write ('<link href="ejemplo.css"
                 rel="stylesheet" type="text/css">');
            }
        } else {
            document.write ('<link href="ejemplo.css"
                rel="stylesheet" type="text/css">');
        }
        </script>
```

31

```
    </head>
    <body>
        <div id="tabla_principal">
            <jsp:include page="/WEB-
              INF/vistas/cabecera_vis.jsp"/>
            <div id="cuerpo_principal">
                <jsp:include page="/WEB-
                  INF/vistas/menu_izquierdo_vis.jsp"/>
                <jsp:include page='<%= ("/WEB-INF/vistas/"
                  + vista + "_vis.jsp")%>'/>
            </div>
        </div>
        <jsp:include page="WEB-INF/vistas/pie_vis.jsp"/>
    </body>
</html>
<%
}
%>
```

El código Java lo vamos a desarrollar utilizando el entorno de programación Netbeans. Creamos un proyecto JSP para ello, estableciendo la codificación **UTF-8** para el texto del editor.

Los archivos de **Vista** tienen la terminación "**_vis**". Y deben incluirse dentro de marcos, para que completen la página Web con ellos. Cada vista tendrá su código HTML dentro de un **<div>**. Y deben ser utilizadas con **<jsp:include page= ...>**.

Creamos los archivos:

cabecera_vis.jsp, margen_izquierdo_vis.jsp, inicio_vis.jsp y *pie_vis.jsp*. Además del marco principal: *index.jsp*.

Una vez dividida la aplicación en los cinco archivos, llega el momento de comenzar a programar los comportamientos iniciales de las páginas.

Los archivos de **Modelo** se encuentran en la carpeta de fuentes java; separada de la carpeta de las **Vistas**, que están en la carpeta *WEB-INF/vistas* de la aplicación. Las clases Java del modelo tienen la terminación "**_mod**".

Utilizamos, para las clases Java, un nombre que comienza en mayúscula, y en plural.

Así, el método `leer_ruta_real` se encuentra en el archivo *Paginas_mod* y su código es:

```
public static String leer_ruta_real (ServletContext
   servlet_context, String nombre_archivo)
{
   return servlet_context.getRealPath (nombre_archivo);
}
```

Iniciando la programación

La aplicación, en su conjunto, tendrá gran cantidad de archivos, por lo que es importante tenerlo todo bien organizado. Normalmente, tendremos una carpeta para las imágenes, otra para los vídeos, otra para los documentos PDF, etc. Además, agruparemos las funcionalidades en sus propias carpetas.

Pero existen ciertos datos que son comunes a todas las páginas con código JSP. Esos datos se centralizan en archivos disponibles en paquetes Java, y en las clases utilizadas en el Web.

Para las constantes de la aplicación creamos un archivo denominado: *Configuraciones_mod.java*, con la terminación "**_mod**" que se corresponde al **modelo** de datos de la configuración de la aplicación. En dicha clase pondremos la dirección Web (URL) de la aplicación, en los atributos de la clase *Configuraciones_mod*:

```
carpeta_origen = "pawja";
base_url = "http://localhost:8081/" + carpeta_origen;
base_url_ssl = "https://localhost:8443/" + carpeta_origen;
url_formulario = base_url_ssl + "/index.jsp";
```

Esa cadena de caracteres cambiará en función del dominio DNS que haga referencia a ella, y de la carpeta donde se instale. *Configuraciones_mod* es una clase que sigue las restricciones de las clases Java que son **bean**. Por lo que debe cumplir:

o   Implementa la interfaz **Serializable**.

o   Tiene un **constructor sin parámetros**.

o   El acceso a sus atributos se realiza mediante funciones **getter** y **setter**. Cuyo formato es: **get**<*nombre del atributo comenzando por mayúsucula*>, y retorna el tipo de datos de dicho atributo; y **set**<*nombre del atributo comenzando por mayúsucula*>, con un parámetro con el tipo del atributo al que asignarle su valor, y retornando el tipo **void**.

```
public String getBase_ruta();
```

Es el método que nos va a indicar la ruta del sistema de archivos donde se encuéntrala clase *Configuraciones_mod.*

En la aplicación utilizaremos el protocolo HTTPS, con encriptación en el envío, y recepción, de datos. Por norma general, **todo formulario con datos privados de un usuario debería enviarse con codificación segura SSL, empleando el protocolo HTTPS.** Por eso, definimos una constante que permita utilizarlo cuando sea posible, o que utilice el protocolo HTTP en caso contrario.

El archivo *Configuraciones_mod.java* solo necesita leerse la primera vez, desde el archivo *index.php.* Por ese motivo, se declara como un **bean** de alcance de sesión.

La sesión se genera cuando un navegador Web se conecta con el servidor de aplicaciones Tomcat. Dicha sesión se mantiene hasta que se desconecta, o hasta que se supera el plazo máximo de inactividad durante el que se conserva la misma.

El modo de incluir el bean en los archivos JSP es:

```
<jsp:useBean id="configuracion_mod"
  class="pawja.Configuraciones_mod" scope="session"/>
```

En la etiqueta, se declara un nombre de variable: *configuracion_mod* que coincide con el nombre de la clase, pero en singular y comenzando por minúscula. Ese nombre es el que se utiliza para acceder a los métodos. Y no se deben utilizar los atributos de la clase directamente, sino por medio de **setter** y **getter**.

Como norma general, en este libro: **Los archivos JSP y clases Java comienzan por el nombre del archivo, más un sufijo MVC: _mod (modelo), _vis (vista), _vis_pag (vista de página) o _con (controlador).**

En el archivo *index.jsp*, se procesan los parámetros de la petición URL del cliente. El parámetro **id,** de la petición Web, contiene el nombre de la vista que se desea presentar en la sección de contenido. El parámetro **id** también determina si se utiliza una página JSP con el sufijo **_vis_pag**. Que, en caso de existir, permite controlar las visualizaciones de la página por defecto; e, incluso, hacer el mismo cambio que el parámetro de la petición: **id_pag**, hace.

El parámetro **id_pag**, se utiliza si se quiere modificar la página por defecto que contiene las secciones de cabecera, menú izquierdo, contenido y pie de página; y poner otra. Es decir, realizar un cambio de marco.

Para que un archivo <*id*>_**vis_pag.jsp** cambie la página o la vista por defecto, debe utilizar la clase: *Paginas_mod.java*. La cual es un bean con alcance de petición (**request**). Por lo que permanece instanciado hasta que se retorne la respuesta de la petición realizada desde el navegador Web. Dicha clase contiene métodos para ser utilizados por otras páginas JSP; entre ellos, el método **getCambio_pagina** que informa sobre la nueva página que *index.jsp* debe utilizar, en lugar de la que tiene por defecto; y el método **getCambio_vista** que modifica la vista por defecto. El modo de instanciarlo, en los archivos JSP que lo utilizan, es:

```
<jsp:useBean id="pagina_mod" class="pawja.Paginas_mod"
  scope="request"/>
```

Una vez que tenemos la información del **id** del contenido que presentar, podemos preparar el menú izquierdo en función de esa información.

Para ello, es preciso explicar, primero, la organización de los archivos en el proyecto de desarrollo.

o Los archivos de páginas Web completas se sitúan en la carpeta **web** (Web pages).

o Los archivos de las vistas parciales (fragmentos) se colocan en la carpeta **WEB-INF (**que pertenece a la carpeta **web)**, dentro de la carpeta: **vistas**. Tiene el sufijo _**vis**, o _**vis_pag**.

• La carpeta WEB-INF no es accesible desde los **clientes Web**, por lo que están protegidos.

o Otros archivos web tienen su propia carpeta (dentro de **web**), por ejemplo: **imagenes**.

o Se crean carpetas especiales con el código de país de dos caracteres del estándar **ISO-3166**. En ellas se almacenan los elementos traducidos a los idiomas.

Los archivos JSP tienen una serie de variables implícitas que no necesitan declararse. Las más importantes son:

o **request**: Este objeto encapsula los detalles de la petición de http generado por el navegador web u otro cliente.

o **response:** Proporciona acceso al otro lado de la transacción http, encapsula la respuesta devuelta al cliente HTTP.

o **session:** este objeto es similar a una tabla de referencia de datos que se mantiene mientras la conexión del cliente con el servidor se mantenga. Puede finalizar pasado un tiempo sin recibirse peticiones suyas.

o **application:** Contiene información de la aplicación Web a la que pertenece la página JSP.

o **pageContext:** Este objeto proporciona la capacidad de buscar, y actualizar, los atributos en cualquiera de los cuatro niveles ya mencionados.

o **out:** Proporciona métodos para escribir resultados en la página que visualizará el cliente.

o **config:** proporciona métodos para obtener accesos a parámetros.

o **page:** es un objeto que contiene una referencia a la clase que representa el propio archivo JSP.

o **exception:** Es un objeto para manejar el error. Se utiliza en las páginas JSP que son llamadas en caso de producirse una excepción.

La información del **id** recibido puede ser recuperada desde el objeto **session**, ya que *index.jsp* se encarga de almacenarlo allí.

El cambio de página

Una vez que tenemos el menú configurado, nos queda escribir la forma de llamar a la página donde se trata su funcionalidad.

Existen varias formas de cambiar de página, mediante:

o Un hiperenlace. Se escribe una etiqueta **<a>** de HTML con el atributo "**href**" conteniendo la URL de destino. Más adelante se describe su estructura.

  • Se puede utilizar un parámetro para identificar la vista que cargar en una página. Por ejemplo, el parámetro: **id**.

o El envío de un formulario HTML a la dirección indicada por el atributo "**action**" de la etiqueta **<form>**. Se puede pasar un dato oculto para indicar la vista que cargar. Por ejemplo, el dato: **id**.

  • El método de envío puede ser "GET" que está limitado en cuanto al número de bytes que enviar. O "POST" que permite el envío de mucha más información.

o   Mediante la redirección de la llamada cliente en la página, indicándolo en la cabecera de respuesta de una petición Web. Esto se realiza programando en JSP, empleando `request.sendRedirect`. Pero no se puede realizar desde páginas incluidas con **<jsp:include**.

o   También se puede realizar un cambio de página modificándola mediante la inclusión de otros archivos JSP con **<jsp:include**. Es posible enviar nuevos parámetros a esa página utilizando **<jsp:param**.

o   Se puede cambiar totalmente la página desde el servidor empleando **<jsp:forward**. Se pueden enviar nuevos parámetros a la página utilizando **<jsp:param**.

o   También es posible modificar una página, que funciona como un marco, y que incluye vistas. Así, cambiar una vista dentro de dicha página puede simular un cambio de página completo:

•   Para realizar la inclusión en JSP de la vista que se desea, se puede utilizar una variable local (como `vista` o `pagina`). Tal y como se hace en *index.jsp*.

En el caso del menú izquierdo, emplearemos el método que hace uso de hiperenlaces. Por ejemplo, para crear un nuevo documento, el código será:

```
<li class="lista_linea"><a href="<%=
 configuracion_mod.getBase_url () %>/index.jsp?id=nuevo"
 >Nuevo</a></li>
```

En la dirección de la página Web, se van a incluir parámetros que serán procesados por la página JSP. En el ejemplo el parámetro `id` indica la vista principal que incluir.

El formato básico de una URL

Una URL tiene gran cantidad de partes, y la mayoría son opcionales. Un resumen del formato de una URL se presenta en la Ilustración 7 y la Ilustración 8. Una URL es una cadena de texto que permite localizar un recurso de Internet; incluyendo desplazamientos dentro de una página Web, y el paso de datos para una consulta (query string).

Utilizando URLs

Si deseamos reutilizar el archivo *index.html* tenemos que implementar un cambio de vistas dentro del marco principal; basándonos en los datos que recibamos desde la petición Web. La cual solicitará la página principal con una Vista en particular.

Para ello, creamos una nueva variable en **sesión** con el nombre: id. Y una variable receptora de los datos que envía el usuario. Esta variable se denominará vista. Y recibirá el dato correspondiente con el nombre "**id**", que se pase en una petición Web. Tanto como si forma parte de una URL, como si es un campo oculto de un formulario HTML.

El código que de *index.jsp* que se encarga de esto, es el siguiente:

```
String vista = "inicio";

if (request.getParameter("id") != null) {
    String id_vista = request.getParameter("id");
    if (id_vista != null && !id_vista.isEmpty()) {
        vista = id_vista;
    }
} else if (session.getAttribute("id") != null) {
    vista = session.getAttribute("id").toString();
}
...
...
vista = pagina_mod.getCambio_vista(vista);
session.setAttribute("id", vista);
```

Si no hay parámetro: "id", se usa el valor por defecto "inicio". Pero éste es reemplazado por el último que hubo, pues se ha guardado en la variable implícita: session.

Si lo que quisiéramos fuera cambiar de vista, sin usar una petición Web de página. Tendríamos que cambiar tanto: "id" como el atributo de session (su valor "id"). Pues tenemos que sustituir el "id" anterior para evitar que regresemos a la vista previa.

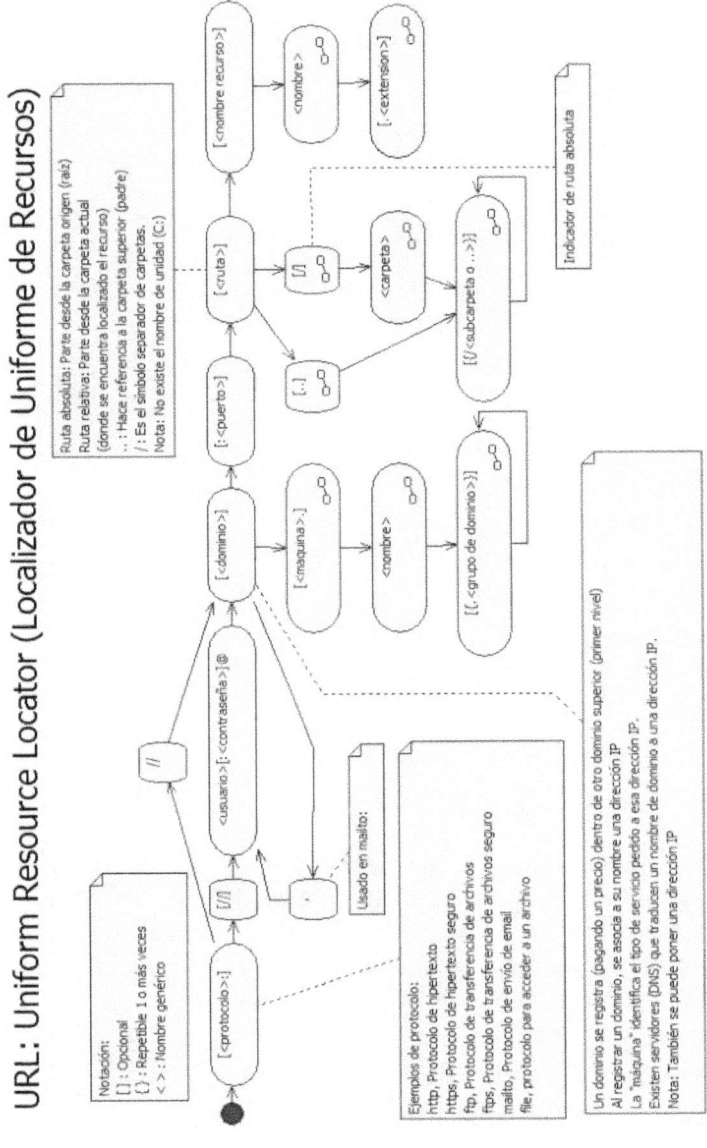

Ilustración 7: URL, primera parte.

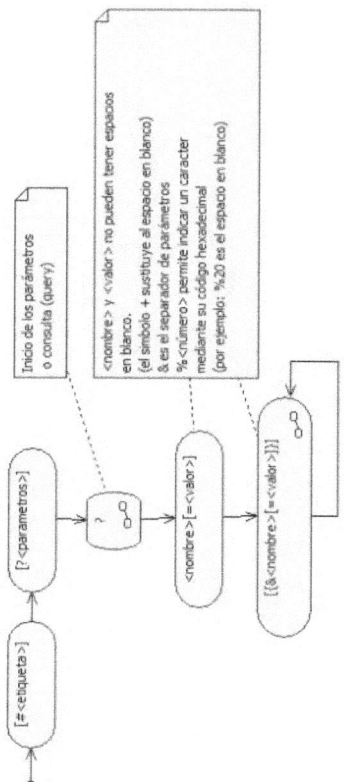

Ilustración 8: URL, segunda parte.

Debemos modificar la vista *margen_izquierdo_vis.php* para que tenga hiperenlaces con el parámetro "**id**". De modo que identifique la vista que cargar en el *index.jsp*. Con esto, tenemos que todos los hiperenlaces del menú izquierdo apuntarán a *"index.jsp"*. Y tendrán el parámetro "**id**" para indicar la vista que presentar cada vez.

Un ejemplo del cambio de cada línea del menú, sería el de acceder a la vista que utilizar para crear un nuevo documento.

Tenemos que incluir el bean **Configuraciones_mod**:

```
<jsp:useBean id="configuracion_mod"
    class="pawja.Configuraciones_mod" scope="session" />
```

Y añadir la etiqueta <a> al elemento del menú:

```
<li class="lista_linea"><a href="<%=
   configuracion_mod.getBase_url()
   %>/index.jsp?id=nuevo">Nuevo</a></li>
```

NOTA: Una URL tiene unas normas sobre la codificación de los datos para las consultas (query string). No se pueden poner espacios en blanco; en su lugar se pone el carácter '+' y no todos los caracteres son válidos; en su lugar se pone su código hexadecimal, precedido por el carácter %.

También conviene recordar que la vista *"nuevo"* se encuentra dentro de la carpeta *"WEB-INF/vistas"*. Eso permite tener organizadas las funcionalidades de la aplicación. Dicha carpeta va a contener los archivos correspondientes con toda la operativa de los usuarios. Es una carpeta protegida, y no es accesible desde el cliente Web.

Queda por explicar la utilidad de la variable: `archivo`, que se encarga de hacer **la inclusión de un archivo especial**, en *index*. Este archivo no se corresponde con un cambio de vista, sino que contiene un código que debe ejecutarse antes de escribir ningún dato de la página que se va a presentar al usuario.

También existe un nombre especial para ciertos archivos JSP, que terminan en "**_vis_pag**". Con ellos, podemos cambiar el aspecto de la página por completo; y modificar detalles que afectan a cualquiera de las Vistas que se cargarán en dicha página. Por ejemplo, modificar el menú izquierdo. El archivo "**_vis_pag**" puede no existir.

Los archivos controladores de las vistas de toda la página, utilizarán las funciones que se han definido en las clases controladoras que terminan con: "**_con.java**". De esta manera, todas las funciones del controlador están en el mismo archivo, y ser más independientes de la Vista.

. En el inicio se tendría que haber llamado: *"inicio_vis_pag.jsp"*. Pero al no ser necesario, no existe.

Po último, otra forma de cambiar el marco de páginas completo, desde *index.jsp* es utilizar el parámetro de la URL: **id_pag**, y el dato de sesión: **id_pag**. Con ellos se puede configurar que se cargue siempre una página distinta a la que por defecto presenta *index.jsp*. Una vez que se establezca el dato de sesión, prevalecerá sobre **id**. Pero no sobre los cambios que el archivo con el sufijo: **_vis_pag**, realice.

El cuerpo de la página index.php

Por ahora, hemos definido cómo se puede cambiar de página por varios métodos. Hemos configuramos los enlaces del menú del margen izquierdo de la página. También tenemos definida la cabecera. Y podemos configurar los enlaces del pie de página para que nos lleven a: Conózcanos y Contáctenos. Resta determinar cuál es el contenido principal; que estará conformado como una Vista. Dicho contenido nos lo indicarán los analistas de la funcionalidad de la aplicación. En este caso, la vista de inicio: *inicio_vis.jsp*, presentará la lista de los documentos que se almacenan en la aplicación Web.

La vista *inicio_vis.jsp* puede tener una estructura como:

```
<%@page contentType = "text/html" pageEncoding="UTF-8"%>
<%@page import = "java.util.Map, java.util.HashMap"%>
<jsp:useBean id="configuracion_mod" class =
    "pawja.Configuraciones_mod" scope = "session" />
<jsp:useBean id="pagina_mod" class = "base.Paginas_mod"
    scope = "request" />
<jsp:useBean id="inicio_con" class = "pawja.Inicios_con"
    scope = "page"/>
<jsp:useBean id="edicion_con" class = "pawja.Ediciones_con"
    scope = "page"/>
<%
String inicio_listar_documentos = "";
int inicio_paginar_inicio = 0;
int inicio_paginar_fin = 0;
String error [] = new String [1];
String idioma = configuracion_mod.leer_idioma (session);
Map <String, String> mapa = new HashMap ();
mapa.put ("archivo_xsl", "/WEB-INF/vistas/xsl/" + idioma +
    "/inicio.xsl");
boolean ret = inicio_con.controlador (request, pageContext,
    out, mapa, error);
if (mapa.get (pagina_mod.getPaginar_inicio ()) != null) {
    String texto = mapa.get (pagina_mod.getPaginar_inicio
        ());
    inicio_paginar_inicio = Integer.parseInt (texto);
    texto = mapa.get (pagina_mod.getPaginar_fin ());
    inicio_paginar_fin = Integer.parseInt (texto);
    inicio_listar_documentos = mapa.get
        ("aplicar_xsl_resultado");
}
if (mapa.get ("vista") != null) {
    // Cambiar la vista completamente.
```

```
    String vista = mapa.get ("vista");
    vista = pagina_mod.cambiar_vista (session, "id",
      vista);
%>
    <jsp:include page='<%= (vista + "_vis.jsp") %>'/>
<%
} else {
%>
<div id="contenido">
    <h1>Bienvenido</h1>
    <h2>Este contenido representa una vista principal</h2>
    <h4>Estas vistas se cambian según los parámetros id, e
      id_pag, de la URL</h4>
    Un archivo de vista puede contener un formulario.
    <br>
<%
    if (error[0] != null && !error[0].isEmpty ()) {
%>
        <p class="error"><% out.print (error[0] + " " +
          parametro_url); %></p>
<%
    }
%>
</div>
<%
}
%>
```

La estructura de una vista

Antes de explicar los formularios, es importante definir la estructura de una vista, la cual se compone de:

1. La **sección de <%@page**, donde se ponen los elementos de configuración de toda la página.
2. La **sección de <jsp:useBean** para declaración de los objetos a usar.
3. La **sección de Control**. En esta sección solo se incluyen llamadas a las funciones. Ya que, según el principio MVC, el código del Controlador debe separarse del código de la Vista, en lo posible.
    a. En esta sección de detectará el idioma que utilizar.
4. La **sección de asignación de los resultados** del Controlador a las variables de datos a usar en la parte de código HTML (Vista), preparándolas para que tengan el formato de presentación

43

adecuado, utilizando la función del bean **Paginas_mod**: `poner_codigo_HTML`.

5. Luego, le sigue la **sección de cambio de Vista**. En ella se hace el **<jsp:include** que corresponda, en función de la decisión que el Controlador retorne.

6. Dentro de la sección de cambio de Vista, se incluye la **sección de código HTML** y **Java**.

   • Dicho código tiene una **sección para emitir mensajes de error, o de otro tipo**.

   • Es posible que se llamen a funciones del Controlador. Las cuales mezclan, en su código, codigos que le corresponderían a la Vista. Son **métodos híbridos**.

   • También aparecen las variables de datos declaradas anteriormente, o la llamada a algunas funciones de conversión de formatos.

El resumen del formato de una vista sería:

```
<%@page ...>
<jsp:useBean ...>
<Llamadas a funciones del Controlador de la Vista>
<Asignación de los resultados a las variables de datos>
<Zona de cambio de Vista>
<Código HTML de la página>
    <Escritura de las variables de datos y las funciones de
        conversiones de datos>
    <Mensajes de error o de otro tipo>
    <Funciones mixtas Controlador-Vista>
```

Convenciones de nomenclatura de las variables y funciones

El código de la página; tanto de la Vista, como el Controlador, y el Modelo; siguen una serie de convenciones que son recomendables:

o Todas las variables locales **comienzan con el nombre del archivo** (sin el **_vis**, **_con**, **_con_pag** o **_mod**). Hay excepciones, como con `ret`, `vista`, `pagina`, o `error`, pero deben ser las menos posibles.

o Todas las variables se escriben a **minúsculas**, con **palabras completas** (salvo excepciones), separando las palabras con "_",terminando en **singular**. Y **no se usan caracteres especiales**, como las vocales acentuadas, la ñ o la ç.

o Todas los métodos **comienzan con un verbo en infinitivo** y después el predicado que describe su objetivo. Siguiendo las mismas convenciones que para los nombres de las variables.

  • **Nota:** Los métodos **JavaScript** tienen el **nombre del archivo** como prefijo.

o Todos los métodos (salvo excepciones) **retornan un valor booleano**: *verdad* si terminan correctamente, *falso* si se produjo algún error o el resultado es incorrecto.

o Cuando una función retorna *falso*, el resto de la función que la llamó deja de ejecutarse y se llega hasta el fin de función donde se retorna el valor *falso*. Este es el **principio de intolerancia a los errores**, pero existen otros criterios posibles.

  • Esta norma puede tener excepciones, según resulten convenientes.

o Todas las funciones tienen un **parámetro de salida donde entregan un mensaje de error**, si es que se produce alguno. Para ello su último parámetro es de tipo **String []**, y en la posición **0** se escribe el mensaje error de salida. Esto permite igualar Java y JavaScript en el paso de dicho parámetro.

El código de una vista

Por lo general, incluirán los siguientes comandos JSP:

```
<%@page contentType="text/html" pageEncoding="UTF-8"%>
<%@page import="<Lista de importaciones>"%>
```

Luego, le sigue la declaración de beans:

```
<jsp:useBean id="configuracion_mod"
  class="paw_jsp.Configuraciones_mod" scope="session" />
<jsp:useBean id="pagina_mod" class="paw_jsp.Paginas_mod"
  scope="request" />
```

El formato es:

```
<jsp:useBean id="<objeto del controlador>_con"
  class="paw_jsp.<nombre del bean controlador>_con"
  scope="page"/>
```

El nombre de la clase de la vista comienza por una letra mayúscula y está en plural. El objeto está en singular y empieza por minúscula.

También se declara el mapa que almacena los datos que usar en esa vista:

```
Map <String, String> mapa = new HashMap ();
```

Y una variable para recuperar errores:

```
String [] error = new String [1];
```

Además, obtendremos la información del idioma que utilizar:

```
String idioma = configuracion_mod.leer_idioma (session);
```

A continuación, llamamos a la función **controladora**. Y les pasamos unos parámetros, generales, que pueden serle útiles a todos las funciones de ese tipo.

```
boolean ret = <objeto de la vista>.controlador (request,
    pageContext, out, mapa, error);
```

Tras la llamada al controlador, se realiza la asignación de los resultados a las variables de datos (devueltas en *mapa* y en *error*) preparándolas para usarlas en la parte de código HTML.

```
parametro_url = mapa.get ("parámetro del mapa");
parametro_url = pagina_mod.poner_codigo_HTML
(parametro_url);
```

Si el dato va a formar parte del código HTML de la página, debemos evitar ciertos caracteres que la alterarían. Por ese motivo utilizamos la función: pagina_mod.poner_codigo_HTML.

La siguiente sección gestiona la redirección de la página. Para ello utiliza la variable: *vista* del *mapa* (si existe).

```
if (mapa.get("vista") != null) {
    String vista = mapa.get ("vista");
%>
    <jsp:include page='<%= mapa.get("vista")%>'/>
<%
} else {
%>
    <Código HTML de la Vista>
<%
}
%>
```

Dentro del código HTML de la Vista tendremos el siguiente fragmento de notificación de errores:

```
<%
```

```
    if (error[0] != null && !error[0].isEmpty ()) {
%>
        <p class="error"><% out.print (error[0]); %></p>
<%
    }
%>
```

Nota: La acción del controlador de la vista puede extrapolarse para aplicarse a un controlador de la página Web completa (mediante el archivo controlador de página: "_vis_pag"). El cual se utilizaría si se van a producir cambios que afecta al marco general. Es decir, que modifican, o bien la cabecera, o bien el margen izquierdo, o el pie. Además del cuerpo principal, donde se situaría la vista.

También con el parámetro "id_pag" de la URL se puede cambiar el marco por defecto.

Si se desearan recuperar los datos del "mapa" retornado por el controlador empleado en una vista de página (_vis_pag), se emplearía el método: `pagina_mod.getMapa`.

Los formularios

La manera de obtener datos de los usuarios, y enviarlos al servidor, es mediante el uso de formularios. Los cuales permiten capturar datos de diferentes maneras: escribiendo texto, seleccionándolos de una lista, marcando casillas, marcando círculos dentro de un grupo de círculos, eligiendo archivos, o de otras maneras.

Los formularios se envían al pulsar un botón de tipo "**submit**" (entrega) y los datos llegan a la URL que se especifica en el atributo "**action**" de la etiqueta **<form>**.

El modelo de programación, que seguiremos, realiza el envío de los datos, siempre, a la misma página que los ha presentado. El motivo de esto, se debe a que debemos comprobar los datos antes de cambiar de Vista. Por esa razón, si hubiera errores en los datos, volvemos a presentar la misma página y presentamos un mensaje de error informando de ello. En caso de que validemos los datos, podemos cambiar de vista.

Por cuestiones de seguridad, todo formulario que envíe datos personales del usuario, o que deban ser protegidos frente a su espionaje, ha de ser enviado empleando el protocolo seguro HTTPS. Este protocolo exige la instalación de certificados digitales. Para obtener la URL con HTTPS se utiliza el método **getUrl_formulario**, de la clase **Configuraciones_mod**. De esa manera podremos cambiar de HTTP a HTTPS en un solo lugar, pero afectando a toda la aplicación.

Otro aspecto, a tener en cuenta, es que, en caso de no validarse un formulario, deberemos mostrar todos los datos que se escribieron cuando se envió. Sin embargo, la página del formulario se programó para que estuviera vacía. Por lo que hay que poner código adicional para que presente los datos que fueron completados. Para hacer esto hay que definir variables de datos para cada elemento del formulario.

El código HTML de un formulario utiliza la etiqueta **<form>**. Por ejemplo:

```
<form class="formulario" target="_self" method="POST"
   action="<%= configuracion_mod.getUrl_formulario() %>"
   name="acceso">
   <Contenido del formulario>
</form>
```

El atributo **action** recibe, como valor, una cadena de texto entrecomillada con la dirección URL donde enviar los datos; pero sin parámetros (query string).

En la aplicación que estamos desarrollando se necesita un formulario para crear un nuevo documento. Ya que se necesita conocer su nombre antes de crearlo. Por tanto, existirá un formulario que presentará un campo de texto, y un botón de envío.

El formulario de la vista *nuevo_vis.jpg* sería:

```
<form action="<%=configuracion_mod.getUrl_formulario() %>"
   name="formulario">
   <label for="nuevo_documento">Nombre de documento:
      </label>
   <input class="input_texto" name="nuevo_documento"
      required="" type="text" value="<%= nuevo_documento
      %>"><br>(Compruebe antes que no existe ese
      nombre)<br>
   <button class="boton" type="submit">Enviar</button>
</form>
```

Se utiliza la etiqueta **<label>** para etiquetar el elemento de entrada de datos **<input>.** En el formulario se utiliza código JSP para establecer el atributo **action**, y para establecer los atributos **value** de las etiquetas **input**. Eso permite que el formulario presente los datos que se enviaron.

La validación del formulario

En el marco de trabajo que utilizamos, cuando se envía el formulario, éste se dirige a la misma dirección Web de la página que se le presentó al usuario. En el servidor se debe diferenciar si la página que se crea como respuesta a la petición es un formulario que tiene datos, o si no los tiene; y comprobar que los datos tienen el formato correcto, y cumplen con las condiciones definidas.

Las validaciones se realizan dentro de la sección del Controlador, por lo que debemos crear el archivo *Nuevos_con.java*; e incluirlo en el archivo *acceso_vis.jsp* declarándolo como un bean. En él escribiremos las funciones de control, posible redirección, y de comunicación con el modelo.

La función principal tendrá el nombre "**controlador**". Los parámetros son libres, pues existen varias formas de configurarlos. Pero se recomienda que sean los siguientes:

1. `HttpServletRequest request`, representa la solicitud recibida, y contiene el objeto con la información de la sesión iniciada entre el navegador del cliente y el servidor Web.
2. `PageContext pageContext`, Contiene los objetos relacionados con los alcances de: página, aplicación y respuesta, entre otros. **Con `getAttribute` se pueden acceder a los bean declarados en la página JSP dependiendo de su alcance (scope).**
3. `JspWriter out`, permite escribir texto en la página que será devuelta.
4. `Map <String, String> mapa`, permite retornar valores a la página JSP de tipo texto, adaptándose a cuántos son y cuáles son sus nombres.
5. `String [] error`, su posición 0 una cadena de texto que tendrá un mensaje de error, si lo ha habido.
6. El método retorna un valor `boolean` que será `true` si todo fue correcto, o `false` si hubo algún error.

De las variables locales del método, crearemos una, siempre, denominada **ret**, para guardar el retorno. Pues solo pondremos un

return al final de la misma. El motivo de esto, es para facilitar su mantenimiento posterior.

Los datos entre páginas y los datos de sesión

Cuando tenemos que enviar datos entre páginas, tenemos varias formas de hacerlo:

o   Enviando los datos en un formulario, empleando las etiquetas HTML: **<form>**, **<input>** y **<select><option>**, entre otras. Y usando el método: `pagina_mod.poner_codigo_HTML`, **para evitar los caracteres especiales que puedan causar problemas**.

o   Pasándolos en una URL. Se sitúan detrás de "**?**" en la sección de "parámetros de consulta" ("query_string"), y se separan con "**&**". Se deben codificar los caracteres especiales con %<código> y el espacio en blanco con +. Se emplea el método `pagina_mod.poner_codigo_URL` para adecuar el formato correctamente. Al recibirse la petición los parámetros se decodifican correctamente.

o   Guardando los datos en el objeto JSP: `session`. Este objeto guarda información; que estará disponible mientras exista una comunicación, y actividad, entre el navegador Web del cliente y la aplicación Web. Pasado un tiempo sin actividad, la sesión expira.

• En otras palabras: una sesión es un identificador que relaciona al navegador Web cliente para que el servidor sepa que está tratando con el mismo. Una sesión tiene un tiempo de vida. El cual se establece desde el último momento en el que realiza una solicitud y se le concede margen de tiempo (que suele ser de 30 minutos). Pasado ese tiempo, la sesión de elimina y todos los datos asociados con ese identificador son destruidos.

o   Pasar la información, desde una página JSP a otra, usando la etiqueta `<jsp:param …>`, dentro de la etiqueta `<jsp:include …>` o `<jsp:forward …>`.

En el caso de usar el objeto `session`, nos enfrentamos a unas dificultades adicionales:

o   **Si no tenemos cuidado, no sabremos: ni donde se crean los objetos de sesión, ni quién es su propietario y responsable.**

- Para resolver este problema, **los datos de** session **tendrán como prefijo el nombre de la página JSP que las crea**. Así, el formato será:

```
request.getSession ().setAttribute ("<prefijo>_" +
"<nombre de la variable>", <valor>)
```

o Cuando creamos una variable de sesión, es accesible en toda la aplicación. Esto genera un problema, ya que podemos perder el control de su uso. Para ello utilizamos un archivo: *configuracion_mod.java*, que nos da información de cuáles son las variables globales pensadas para su uso en toda la aplicación. El resto, deben entenderse que son para usos puntuales. Y debemos evitar su uso, si no somos sus creadores y propietarios.

o Las variables globales se destruyen con el método: **removeAttribute**. Destruirlas libera memoria y reduce su posible mal uso. Sin embargo, hacerlo tiene algunos riesgos porque:

- Si el usuario da página atrás, en el navegador Web, ya no existen las variables que antes existían; y el resultado podría ser distinto del que tuvo antes.

- Si llego a una página o vista, que utiliza esa variable de sesión, y ya no existe, se generará un error.

o Si no sabemos cuándo destruir una variable de sesión, nuestro diseño arquitectónico de la aplicación deja una incertidumbre que nos debería hacer pensar si, de verdad, estamos siguiendo una buena metodología arquitectónica.

- **Quien construye la variable de sesión debería ser quien la destruya**. Sin embargo, muchas veces esto no ocurre así.

- Otra opción es que la destrucción de las variables de sesión la realice el servidor de aplicaciones. El cual lo hará cuando finalice la sesión de ese usuario. Es una solución que hace que el sistema tenga variables innecesarias, sin destruir; pero que resuelve el problema de la destrucción incorrecta.

El tratamiento de los datos de las páginas

El código que presenta una página Web depende de los parámetros que recibe en su solicitud (request). Y de los datos internos que almacena; en la sesión del cliente, y en la aplicación completa.

Si queremos que una página Web tenga el mismo comportamiento recibiendo los parámetros en la solicitud, que cuando no los recibe (utilizando los previos); entonces, tenemos que mantener un mecanismo de "**simetría de datos**". Eso significa que **todos los datos recibidos en las peticiones son almacenados en el objeto de sesión**. Cuando el dato se recibe en la petición, sobrescribe los datos guardados en la sesión. Si no se reciben los parámetros esperados, entonces, se recurre a los almacenados en el objeto de la sesión.

La "**simetría de datos**" permite que una página tenga distintos enlaces a sí misma, o distintos formularios. Entonces, los datos que se envían no contienen todos los datos que la página necesita, sino los que aportan los formularios, o enlaces, que utiliza el usuario. En ese caso, tener almacenados en el objeto sesión los datos que no recibimos, resuelve ese inconveniente.

El tratamiento de la "**simetría de datos**" obliga a gestionar los parámetros de una manera algo más compleja que cuando siempre se recibe todo desde la solicitud del cliente. Lo que sería un modo más sencillo, pero que, a veces, no se resulta conveniente utilizar.

En la clase *Paginas_mod* se crea un método para gestionarlas:

```
public static String leer_y_guardar_dato_UTF8 (String dato,
   HttpServletRequest request, HttpSession session)
{
   if (request.getParameter (dato) != null) {
      String parametro = request.getParameter (dato);
      parametro = Paginas_mod.convertir_desde_UTF8
         (parametro);
      session.setAttribute (dato, parametro);
      return parametro;
   } else if (session.getAttribute (dato) != null) {
      return (String) session.getAttribute (dato);
   }
   return null;
}
```

Puesto que la página de origen utiliza la codificación de caracteres UTF-8 y Java usa Unicode, hay que realizar una conversión. Para ello, la clase *Paginas_mod* tiene dos métodos:

```
// convertir desde UTF-8 -> formato interno Java
public static String convertir_desde_UTF8 (String texto)
{
    String out = texto;
    if (texto != null) {
        try {
            out = new String (texto.getBytes ("ISO-8859-
                1"), "UTF-8");
        } catch (java.io.UnsupportedEncodingException e) {
        }
    }
    return out;
}

// convertir desde el formato interno Java -> UTF-8
public static String convertir_hacia_UTF8 (String texto)
{
    String out = texto;
    if (texto != null) {
        try {
            out = new String (texto.getBytes ("UTF-8"),
                "ISO-8859-1");
        } catch (java.io.UnsupportedEncodingException e) {
        }
    }
    return out;
}
```

Los cambios de idioma

Los mensajes que recibe el usuario, desde el código Java, deben estar preparados para el cambio de idioma. Una de las formas de hacerlo es escribiendo, en el propio código de programación, todas las traducciones de los mensajes.

Existen otras alternativas, como la de crear una base de datos de mensajes, por idioma; o no utilizar mensajes de texto, sino que poner solo un número de mensaje y, luego, buscar el número del mismo en una tabla de mensajes; entre otras. Pero la que se propone tiene la ventaja de que los mensajes están presentes en el código, para que el programador los pueda revisar.

Debemos crear una clase, denominada *Traducciones_mod* que es genérica, por lo que está en otro paquete, en *base*. Esta clase es un bean y tiene los métodos:

```java
public String seleccionar (String idioma, String mensaje)
{
    this.mensaje = mensaje;
    if (this.idioma.equals (idioma)) {
        hay_seleccion = true;
        return mensaje;
    } else {
        return "";
    }
}

public String seleccionar_fin ()
{
    String mensaje_fin = new String (mensaje);
    mensaje = "";
    if (hay_seleccion) {
        hay_seleccion = false;
        return "";
    } else {
        return mensaje_fin;
    }
}
```

Simplemente, selecciona, en función del atributo idioma de la clase, si el mensaje se utilizará o no. En caso de que no haya texto para el idioma seleccionado, utiliza el texto en el último idioma posible que se ha seleccionado.

La clase *Traducciones_mod* va a instanciar un componente en la clase *Configuraciones_mod*, que es la que almacena todos los datos que se comparten en toda la aplicación.

```java
error [0] = "";
error [0] += configuracion_mod.getTraduccion_mod
   ().seleccionar ("es", "<mensaje en español>. ");
error [0] += configuracion_mod.getTraduccion_mod
   ().seleccionar ("en", "<mensaje en inglés>. ");
error [0] += configuracion_mod.getTraduccion_mod
   ().seleccionar_fin ();
```

Como norma general, los mensajes de error terminan con punto ".". Y, detrás, dejamos un espacio en blanco para facilitar la concatenación de mensajes.

Respecto a los mensajes de texto codificados en el código HTML, su traducción puede seguir otras vías distintas de la de los mensajes del código Java. La idea es evitar el uso de Java en la parte de la Vista, en la mayor medida posible.

En general, la solución adoptada pasa por separar el código HTML en archivos distintos, por idioma. Así, se crea una carpeta para cada idioma. En el caso del español, se crea la carpeta: *es*, y en ella se sitúan las vistas traducidas, que se denominan igual que la vista a la que pertenecen. Pero tendrá la extensión ".html", o ".jspf" (fragmento JSP), según el método utilizado.

Para incorporar código HTML traducido, dentro de la página JSP contenedora, tenemos dos posibilidades:

1. Si el texto no contiene ningún código Java, se utiliza la llamada al método:

```
pagina_mod.incluir_archivo_texto_UTF8 (
"WEB-INF/vistas/" + idioma + "/cabecera_vis.html"
, application, out, error);
```

El cual abre el archivo como un texto UTF8 y lo escribe.

2. Si el texto contiene código Java, se utiliza la etiqueta JSP:
   ```
   <%@include file="<pais>/<nombre del archivo>" %>
   ```

   Esa etiqueta debe estar condicionada al idioma, por lo que se rodea de:

```
<%
if (idioma.equals ("es")) {
%>
    <%@include file="es/inicio_vis.jspf" %>
<%
} else if (idioma.equals ("en")) {
%>
    <%@include file="en/inicio_vis.jspf" %>
<%
}
%>
```

De modo que existirá un archivo en la carpeta: *es*. El archivo: *inicio_vis.jspf*.

Estas soluciones no son únicas, y se pueden aplicar otras distintas. Sin embargo, la modificación directamente en el código HTML permite un mejor ajuste de las cadenas de texto en el interfaz de usuario.

La fase de traducción se realiza una vez que se ha finalizado el desarrollo para un idioma en particular. Por ese motivo, el código de los métodos Java se deja preparado para la traducción, tal y como se ha explicado, y el código HTML no se divide en archivos de idiomas hasta que se vaya a traducir la aplicación.

Descargarse el código fuente

Para acceder a todo el código fuente, se puede descargar en un archivo comprimido en el la dirección Web:

`https://drive.google.com/file/d/0B0tUAZnW9rruZFB4d2twRnpsWG M/view?usp=sharing`.

Se trata de un archivo con formato **zip** que contiene el código fuente, el proyecto Netbeans, los resultados de generar la aplicación, y el producto empaquetado en un archivo **war** para su instalación en un servidor Tomcat.

Para instalarlo en un servidor, debe crearse la base de datos. El archivo SQL para MySql se encuentra en la carpeta *src/sql*. Aun así, hay que crear el usuario de la base de datos. Y modificar *Configuraciones_mod*, para conectar con la base de datos los parámetros, y usuario, adecuados. Además, hay que revisar los demás datos del archivo de configuración: *Configuraciones_mod*, adaptarlo, compilarlo e incorporar los cambios al archivo **war**. En caso contrario, no funcionará correctamente.

Una modificación que se podría realizar fácilmente, sería hacer que la aplicación no precisara configurarse manualmente. Para ello, Java proporciona métodos que permitirían hacerlo. Aunque esto queda fuera del alcance del libro.

Implementando la funcionalidad

La definición de las actividades en UML

Para entender mejor las funcionalidades que implementar, existen diagramas que simplifican la transmisión del conocimiento. Desde los expertos en la misma, que no necesitan tener conocimientos en desarrollo informático; hacia los responsables de la creación de la aplicación.

Los **diagramas de actividad de UML** permiten secuenciar los comportamientos, por tanto, incluyen temporalidad. También permiten definir bifurcaciones y bucles, por lo que se aproximan a la programación. Aunque no entran en detalles precisos, respecto al manejo de los datos, entre otros.

El diagrama de actividad de la operativa de un usuario que va a ser el primero en elegir documento se muestra en la Ilustración 9. El diagrama de actividad de la operativa de un usuario que va a ser el siguiente en elegir documento se muestra en la Ilustración 10.

Según lo que se puede observar en los diagrama de actividades UML; existen tareas que se realizan simultáneamente, en paralelo. La edición del documento; el envío periódico de los cambios; y el envío de la actualización sin cambios en el documento, para que no sea considerado disponible para editarlo por otro usuario. Y, en los usuarios siguientes, se realiza un bucle para la recepción de cambios, en el archivo temporal.

La base de datos

Una base de datos consiste en un almacén de datos y un software de servicio para las diferentes solicitudes posibles:

o **Creación y modificación del modelo de datos**, de su estructura.
o **Consulta y modificación de la información**.
o **Gestión de los accesos al servicio**. Creación y administración de los usuarios y de sus permisos de operación.

El modelo de datos se describe mediante diagramas de **Entidad-Relación**.

Ilustración 9: Operativa del primer usuario

Una **entidad** es un elemento físico o conceptual que se describe por su información. Consta de atributos, que son elementos que componen la entidad y la estructuran. Estos elementos pueden ser, a su vez, entidades. Por lo que la decisión de representarlos como atributos, o entidades, se adapta a las necesidades que surjan para su utilización.

Una **relación** se describe con una acción en la que participa una entidad como sujeto; y otra entidad, u otras, como predicado. Se pueden definir utilizando verbos, y la relación numérica (cardinalidad) que puede afectar al predicado respecto al sujeto. Por ejemplo: un terreno contiene "n" casas; o una casa se levanta en "un" terreno. Lo que relaciona la entidad "casas" con la entidad "terrenos"

Los diagramas Entidad-Relación no están contemplados por los diagramas UML. Sin embargo, es posible adaptar los **Diagramas de**

Clases para que sirvan para ese cometido de una manera muy próxima.

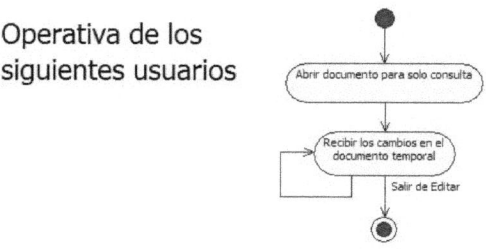

Operativa de los
siguientes usuarios

Ilustración 10: Operativa de los siguientes usuarios.

Las relaciones de los diagramas de clases serán siempre según una cardinalidad n a 1, es decir, que "**n**" entidades tiene una acción con "**1**" entidad; y ese "**n**" también incluye el "**1**". En el caso **n a 0** lo indicamos en la propia flecha que representa la relación.

La manera de identificar las entidades es pensando en ellas como contenedores de datos, que describen elementos del mundo real. Todos los datos deberán tener la misma estructura. Y solo se subdividen en un único nivel más: el de atributo. Si necesitáramos dividirlos en más niveles, deberemos convertir esos atributos en entidades, las cuales tendrán un nivel más de división; y así sucesivamente. Para las relaciones emplearemos el verbo "tener".

Si un atributo puede aparecer más de una vez para una misma entidad, también se convierte en una entidad.

Para cubrir la funcionalidad descrita por los casos de uso y los diagramas de acción, necesitamos el modelo de la Ilustración 11. El cual creamos en UML con el programa StarUML.

Una entidad se convierte en una "tabla" en una base de datos. Una relación se convierte en una asociación entre dos claves: la clave primaria y la clave extranjera.

La clave primaria se construye con atributos de la tabla, de modo que identifiquen los registros de cada tabla de manera única.

La clave extranjera se construye con atributos que son del mismo tipo que los atributos que son clave primaria en una

tabla. **Pueden repetirse y hacen referencia a datos que existen en la clave primaria, en otra tabla o en sí misma (relación reflexiva).**

La **clave extranjera conduce a una única entidad, pues la clave primaria es única.**

Modelo de datos de la aplicación. Base de datos: pawja

documentos
+id_documento: varchar (255)
+fecha_creacion: timestamp = CURRENT_TIMESTAMP
+fecha_actualizacion: datetime, null
+fecha_bloqueo: datetime, null

Ilustración 11: Modelo Entidad-Relación de los documentos.

En la construcción de una base de datos, seguiremos el criterio de nomenclatura que se recomienda a continuación:

o   Los nombres se construyen a minúsculas, con palabras completas, separadas por guion bajo "_", sin utilizar caracteres especiales como las letras acentuadas, la "ñ" o la "ç".

o   Las entidades o **tablas** tienen su nombre en **plural**.

o   Los **atributos** tienen su nombre en **singular**.

o   Los **atributos** que construyen las **claves primarias** tienen el prefijo "**id_**", **seguido del nombre de la tabla, en singular**. Salvo una excepción, en la que llevarán el prefijo "**ref_**"; que es cuando un atributo sea clave primaria y extranjera simultáneamente.

o   Los **atributos** que construyen las **claves extranjeras**; o cada uno de ellos, cuando es una clave compuesta; tienen el **mismo nombre que la tabla, pero en singular**. Y con el prefijo "**ref_**".

o   A los atributos clave primaria (**id_**<*tabla a la que pertenecen, en singular*>) y clave extranjera (**ref_**<*tabla a la que referencian, en singular*>) se les puede añadir un sufijo explicativo, si es necesario.

Los **tipos de datos** de los atributos de las tablas no son exactamente iguales a los tipos de datos que manejan los programas escritos en Java. Así, por ejemplo: las cadenas de caracteres en las bases de datos suelen ser de tipo "**varchar**" y se les debe proporcionar un tamaño; pero en Java son "**String**".

En general, es más conveniente dar un tamaño por exceso que dar un tamaño que luego resulte corto. Aunque es posible alterar las tablas, posteriormente, un tamaño por exceso no tiene por qué ocupar más espacio físico; pues éste se optimiza, y el no utilizado no se pierde.

Para crear una **Base de datos** utilizaremos la aplicación Web: **phpmyadmin**. Debemos tener permisos, en nuestro usuario, para crearla. Indicamos su **nombre** y su **juego de caracteres**. El nombre será "**pawja**"; y el cotejamiento "**utf8_spanish_ci**", pues estamos empleando el juego de caracteres UTF-8.

Una vez creada la base de datos, crearemos la tabla: **documentos**, con sus atributos.

El atributo (campo) **id_documento** contendrá el nombre del documento, sin incluir la ruta. El atributo **tiempo_creacion** es de tipo timestamp, y por defecto contendrá el sello de tiempo (timestamp) de la creación del registro. Esto la hacemos iniciando el campo, al crear la tabla en la base de datos, con el valor SQL: **CURRENT_TIMESTAMP**, en creación de nuevos registros. El campo **tiempo_actualizacion** será nulo por defecto (se ha indicado en el modelo con la palabra: **null**). Y el campo **tiempo_bloqueo** también será nulo por defecto.

Por último, creamos un usuario de la base de datos, sin permisos para modificar su estructura. Solo con permisos de **select**, **insert**, **update** y **delete**. Dicho usuario va a tener el nombre: *pawja*. Y una contraseña.

La conexión con la base de datos

Una vez que la base de datos ha sido creada, debemos realizar la conexión con el servidor MySql desde PHP. Para ello, necesitamos una serie de datos, que vamos a incluir en la clase *Configuraciones_mod*:

```
basedatos_servidor = "localhost";
basedatos_nombre = "pawja";
basedatos_usuario = "pawja";
basedatos_clave = "contraseña";
```

En este archive ponemos el usuario y la contraseña. Pero los únicos que pueden acceder a esta información son los administradores, con permisos de acceso a la carpeta del servidor de aplicaciones donde se instala la aplicación Web. De modo que la seguridad está garantizada, ya que desde el navegador Web no se verán esos datos.

Las bases de datos suelen tener limitado el número de conexiones abiertas simultáneamente, por lo que la manera de operar con ella será:

1. Abrir conexión con la base de datos.
2. Realizar operación.
3. Cerrar la conexión.

Las operaciones con la base de datos

Las operaciones más habituales con la base de datos son:

o Consulta, mediante la instrucción del lenguaje SQL: **select**.
o Inserción, mediante la instrucción del lenguaje SQL: **insert**.
   a. Si se intenta insertar un registro cuando ya existe otro con el mismo valor del identificador de la clave primaria, se produce un error.
   b. También existe la instrucción **replace**, que es igual que **insert**, pero si ya existe otro con la misma clave primaria, entonces, lo reemplaza en lugar de retornar un error.
o Actualización, mediante la instrucción del lenguaje SQL: **update**.
   a. Si se intenta actualizar un registro que no existe, se produce un error y no se produce su inserción.
   b. Si no hay cambios en el registro que se actualiza, no se realiza la operación.
o Borrado, mediante la instrucción del lenguaje SQL: **delete**.

Cuando se hace una consulta con **select** podemos recuperar más de una fila. **NOTA: Una fila es la manera de referirse a cada uno de los registros, o entidades, de una tabla.**

Los comandos SQL sin preparación

Si el comando SQL no tienen parámetros que se deban aportar en tiempo de ejecución, se puede utilizar un objeto de la clase Java: *Statement*.

Por ejemplo, para leer los documentos que hay en la base de datos, entre dos números de registros, podemos utilizar el método de *Inicios_con*. Este método es parte de la paginación de consultas, por lo que se volverá a ver más adelante y se explicarán mejor esas características. Su código también incluye las traducciones a español y a inglés.

Los métodos de bases de datos que utiliza internamente son:

mysql_conexiones, getConexion, createStatement, executeQuery, next, getString, getTimestamp, close y desconectar.

Conectamos a la base de datos. Obtenemos una conexión. Creamos un Statement, con el que ejecutamos una consulta que se entrega en un ResultSet, el cual tiene next para acceder a cada una de sus filas. Y usamos getString y getTimestamp para leer los campos de cada fila. Al terminar cerramos el ResultSet. Y cerramos la conexión con desconectar.

```
@Override
public boolean listar_documentos_xml (int inicio, int fin,
  int [] siguiente, String [] resultado, String [] error)
{
    boolean ret = true;
    error [0] = "";
    resultado [0] = "";
    siguiente [0] = 0;
    Mysql_conexiones conexion = new Mysql_conexiones ();
    ret = conexion.conectar
      (configuracion_mod.getBasedatos_servidor ()
      , configuracion_mod.getBasedatos_nombre ()
      , configuracion_mod.getBasedatos_nombre ()
      , configuracion_mod.getBasedatos_clave ()
      , error);
    if (ret) {
        Connection connection = conexion.getConexion();
        try {
            error [0] = "";
```

```
error [0] +=
  configuracion_mod.getTraduccion_mod
  ().seleccionar ("es", "Crear estamento. ");
error [0] +=
  configuracion_mod.getTraduccion_mod
  ().seleccionar ("en", "Creating statement.
  ");
Statement statement =
  connection.createStatement ();
error [0] = "";
error [0] +=
  configuracion_mod.getTraduccion_mod
  ().seleccionar ("es", "Ejecutar consulta. ");
error [0] +=
  configuracion_mod.getTraduccion_mod
  ().seleccionar ("en", "Executing query. ");
error [0] +=
  configuracion_mod.getTraduccion_mod
  ().seleccionar_fin ();
String comando_sql = "select id_documento,
  tiempo_actualizacion, tiempo_bloqueo from
  documentos";
ResultSet resultset = statement.executeQuery
  (comando_sql);
String texto = "";
resultado [0] = "<listar_documentos>";
int i = 0;
while (true) {
    if (! resultset.next ()) {
        siguiente [0] = 0;
        break;
    }
    if (i >= fin) {
        siguiente [0] = i;
        break;
    }
    if (i >= inicio) {
        texto = resultset.getString
            ("id_documento");
        texto = Paginas_mod.poner_codigo_XML
            (texto);
        resultado [0] += "<fila>";
        resultado [0] += "<columna_1>" + texto
            + "</columna_1>";
        Timestamp tiempo_actualizacion =
            resultset.getTimestamp
            ("tiempo_actualizacion");
```

65

```
if (tiempo_actualizacion != null) {
    SimpleDateFormat simpledateformat =
       new SimpleDateFormat ("yyyy-MM-dd
       HH:mm:ss");
    texto = simpledateformat.format
       (tiempo_actualizacion);
    texto =
       Paginas_mod.poner_codigo_XML
       (texto);
} else {
    texto = "";
}
resultado [0] += "<columna_2>" + texto
 + "</columna_2>";
Timestamp tiempo_bloqueo =
 resultset.getTimestamp
 ("tiempo_bloqueo");
if (tiempo_bloqueo == null) {
    tiempo_bloqueo = new Timestamp (0);
}
Date tiempo_actual = new Date ();
if (tiempo_actual.getTime () -
 tiempo_bloqueo.getTime () >
 configuracion_mod.getMilisegundos_maxi
 mo_bloqueo()) {
    texto = "";
    texto +=
       configuracion_mod.getTraduccion_mo
       d ().seleccionar ("es",
       "Modificable");
    texto +=
       configuracion_mod.getTraduccion_mo
       d ().seleccionar ("en",
       "Modifiable");
} else {
    texto = "";
    texto +=
       configuracion_mod.getTraduccion_mo
       d ().seleccionar ("es", "Solo
       consulta");
    texto +=
       configuracion_mod.getTraduccion_mo
       d ().seleccionar ("en", "Browse
       only");
}
resultado [0] += "<columna_3>" + texto
 + "</columna_3>";
```

```
                        resultado [0] += "</fila>";
                 }
                 i++;
            }
            resultado [0] += "</listar_documentos>";
            error [0] = "";
            error [0] +=
               configuracion_mod.getTraduccion_mod
               ().seleccionar ("es", "Cerrar resultados de
               la consulta. ");
            error [0] +=
               configuracion_mod.getTraduccion_mod
               ().seleccionar ("en", "Closing results of
               query. ");
            resultset.close ();
        } catch (SQLException e) {
            error [0] += e.getMessage ();
            ret = false;
        } finally {
            conexion.desconectar (error);
        }
    }
    if (ret) {
        error [0] = "";
    }
    return ret;
}
```

La clase Mysql_conexiones

Para operar con la base de datos hacemos uso de la clase, en el
paquete *basedato*, denominada *Mysql_conexiones*, que contiene los
métodos:

```
public boolean conectar (String dns_o_ip, String
  basedatos_nombre, String usuario, String clave, String []
  error)
{
    boolean ret = true;
    try {
        Class.forName ("com.mysql.jdbc.Driver").newInstance
           ();
        conexion = DriverManager.getConnection
           ("jdbc:mysql://" + dns_o_ip + "/" +
           basedatos_nombre +
           "?zeroDateTimeBehavior=convertToNull", usuario,
           clave);
```

```
        }
        catch (ClassNotFoundException ex) {
            error [0] = "";
            error [0] += seleccionar_traduccion ("es", "Clase
                no encontrada. ");
            error [0] += seleccionar_traduccion ("en", "Class
                not found. ");
            error [0] += ex.getMessage ();
            error [0] += seleccionar_traduccion_fin ();
            ret = false;
        }
        catch (InstantiationException ex) {
            error [0] = "";
            error [0] += seleccionar_traduccion ("es", "Fallo
                al instanciar. ");
            error [0] += seleccionar_traduccion ("en", "Fail
                instantiating. ");
            error [0] += ex.getMessage ();
            error [0] += seleccionar_traduccion_fin ();
            ret = false;
        }
        catch (SQLException ex) {
            error [0] = "";
            error [0] += seleccionar_traduccion ("es", "Error
                de SQL. ");
            error [0] += seleccionar_traduccion ("en", "SQL
                error. ");
            error [0] += ex.getMessage ();
            error [0] += seleccionar_traduccion_fin ();
            ret = false;
        }
        catch (IllegalAccessException ex) {
            error [0] = "";
            error [0] += seleccionar_traduccion ("es", "Acceso
                ilegal. ");
            error [0] += seleccionar_traduccion ("en", "Illegal
                access. ");
            error [0] += ex.getMessage ();
            error [0] += seleccionar_traduccion_fin ();
            ret = false;
        }
        return ret;
}
```

Esta clase es exclusive de MySQL y configura la conexión para que trate las fechas 0 como si fueran nulas.

Otro de sus métodos es:

```
public boolean desconectar (String error[])
{
    boolean ret = true;
    try {
        conexion.close();
    } catch (SQLException e) {
        error [0] = "";
        error [0] += seleccionar_traduccion ("es", "Error
            al cerrar la conexión con la base de dato: ");
        error [0] += seleccionar_traduccion ("en", "Error
            closing database connection: ");
        error [0] += e.getMessage ();
        error [0] += seleccionar_traduccion_fin ();
        ret = false;
    }
    return ret;
}
```

Las operaciones con la base de datos

La programación de SQL se realizará por medio de una cadena de texto conteniendo la instrucción completa. Ésta se ejecuta en el servidor de bases de datos y nos devuelve el resultado en un **"conjunto de resultados"** compuesto por las filas que corresponden. En concreto, la consulta para comprobar que un usuario existe en la base de datos y su contraseña coincide se realiza en varias fases:

1. Preparación de los datos de la consulta.
2. Construcción de la cadena de texto conteniendo la consulta.
3. Envío de la consulta
4. Recepción del conjunto resultante, fila a fila.

Los comandos SQL con preparación

Si tenemos que pasar parámetros a una consulta SQL en tiempo de ejecución, debemos emplear la clase Java: *PreparedStatement*.

El lugar donde se ha de incluir el dato que es un parámetro se indica con una interrogación de cierre (?). Un ejemplo de su uso estaría en el método de *Ediciones_con: borrar_documento_basedato*.

```
public boolean borrar_documento_basedato (Connection
    connection, String documento_nombre, String [] error)
```

```
{
    boolean ret = true;
    try {
        error [0] = "";
        error [0] += configuracion_mod.getTraduccion_mod
            ().seleccionar ("es", "Crear estamento preparado.
            ");
        error [0] += configuracion_mod.getTraduccion_mod
            ().seleccionar ("en", "Creating prepared
            statement. ");
        error [0] += configuracion_mod.getTraduccion_mod
            ().seleccionar_fin ();
        String comando_sql = "delete from documentos where
            id_documento = ?";
        PreparedStatement statement =
            connection.prepareStatement (comando_sql);
        error [0] = "";
        error [0] += configuracion_mod.getTraduccion_mod
            ().seleccionar ("es", "Pasar el parámetro 1. ");
        error [0] += configuracion_mod.getTraduccion_mod
            ().seleccionar ("en", "Passing parameter 1. ");
        error [0] += configuracion_mod.getTraduccion_mod
            ().seleccionar_fin ();
        statement.setString (1, documento_nombre);
        error [0] = "";
        error [0] += configuracion_mod.getTraduccion_mod
            ().seleccionar ("es", "Ejecutar comando. ");
        error [0] += configuracion_mod.getTraduccion_mod
            ().seleccionar ("en", "Executing command. ");
        error [0] += configuracion_mod.getTraduccion_mod
            ().seleccionar_fin ();
        if (statement.executeUpdate () == 0) {
            ret = false;
            error [0] = "";
            error [0] +=
                configuracion_mod.getTraduccion_mod
                ().seleccionar ("es", "No se ha podido borrar
                de la base de datos el documento: ");
            error [0] +=
                configuracion_mod.getTraduccion_mod
                ().seleccionar ("en", "Not possible delete
                document from database, document: ");
            error [0] += documento_nombre + " ";
            error [0] +=
                configuracion_mod.getTraduccion_mod
                ().seleccionar_fin ();
        }
```

```
    } catch (SQLException e) {
        error [0] += e.getMessage ();
        error [0] += configuracion_mod.getTraduccion_mod
            ().seleccionar_fin ();
        ret = false;
    }
    return ret;
}
```

Al no ser una consulta, se emplea el método `executeUpdate` que retorna el número de filas afectadas por el comando SQL.

El método recibe una conexión ya existente, la cual ya hemos visto cómo se obtiene. Luego, construye el comando SQL con parámetros, indicándolos con el símbolo interrogación (?). Para pasarle datos al parámetro, utiliza la función del *PreparedStatement*: `setString`. Después, la ejecuta con `executeUpdate`. Y obtiene el resultado. El cierre de la conexión no le corresponde realizarlo, pues tampoco realizó la misma.

No siempre los comandos SQL son compatibles entre diferentes bases de datos. Pues presentan algunas variables, funciones, y procedimientos; internos, que pueden existir en unas y no en otras

Detalles sobre el paso de datos entre páginas JSP

Cuando realizamos un cambio de página o vista, las variables de la página previa se pierden. Mientras que, cuando se incluyen fragmentos (jspf) con `<%@import ...>`, el código importado es como si se hubiera escrito allí.

Para pasar datos entre páginas, y vistas, podemos recurrir a ciertos métodos:

o Si el cambio de página se realiza por el envío de un formulario a una página, indicada en el atributo "**action**" de la etiqueta **<form>**; pasamos los datos utilizando la etiqueta **<input>** con el atributo "**type**" a "**hidden**". Con eso creamos un dato que se enviará con el formulario, pero que no es visible en la presentación de la página Web. **Nota: Hay que tener en cuenta que algunos caracteres pueden necesitar traducción a códigos HTML mediante una función de sustitución de los caracteres que causan problemas.**

o   Si el cambio de página se realiza mediante una URL, podemos incluir los datos en la sección de parámetros (query_string) (detrás de la "**?**" y separados por el símbolo "**&**"). En ese caso formaremos la URL con el nombre del parámetro, por ejemplo "id", luego el signo "**=**" y después el dato. **Nota: el dato debe estar adaptado al formato de una URL, o URI, mediante la función de conversión correspondiente.**

o   El tercer método es a través de atributos del objeto implícito JSP: `session`.

o   El cuarto método es mediante la etiqueta `<jsp:param …>` dentro de `<jsp:include …>` o `<jsp:forward …>` al llamar a un archivo JSP desde otro.

Las pruebas

Cada vez que una funcionalidad se ha completado, debe ser probada antes de pasar a la siguiente. Eso nos permite ir avanzando, asegurando el camino recorrido; y corregir los posibles errores en el momento en que tenemos más reciente el código. Y, por tanto, cuando nos resulta más fácil.

Las pruebas funcionales, las que prueban el código programado en una función; deben realizarse por el programador que las escribe. Es su responsabilidad que no presente fallos.

Las pruebas de módulo, de operativa, o de funcionalidad, deben realizarse por aquellos que no lo han programado. De esa manera se combinan los conocimientos del programador y el desconocimiento del usuario; y se complementan. Desgraciadamente el programador no desea que se encuentren errores, pero el testeador sí lo desea. Por lo que a veces se producen conflictos entre ambos.

Las pruebas de funcionalidad se realizan desde la interfaz de usuario, suponiendo el comportamiento de un usuario inexperto. Para no repetir las pruebas múltiples veces se pueden utilizar herramientas para grabar los comportamientos de un usuario en el navegador Web. Esto puede lograrse con una herramienta para el navegador Firefox que se denomina "Selenium IDE" y que es gratuita. Puede encontrarse en:

http://www.seleniumhq.org/projects/ide/.

Las pruebas de usuario deben realizarse en los navegadores Web más utilizados: Internet Explorer, Chrome, Firefox y otros. Y en las versiones más comunes. Aunque, en algunos casos, se prueban versiones antiguas para asegurarse una compatibilidad mayor.

La grabación de los comportamientos puede ayudar mucho al programador, pues así encuentra la secuencia completa que dio lugar a un error.

Hay errores sencillos de reproducir, pero otros no lo son en absoluto. Y dicha grabación permite conocer los pasos que condujeron al mismo.

El inicio de la aplicación

La página de inicio, en esta aplicación, coincide con la funcionalidad de la operación: Abrir. De modo que en ella aparecerá el listado de los documentos disponibles, los que no han expirado. Los cuales pueden ser abiertos en modo: *Modificable*, o en modo: *Solo consulta*. Puede verse dicha página Web en la Ilustración 12.

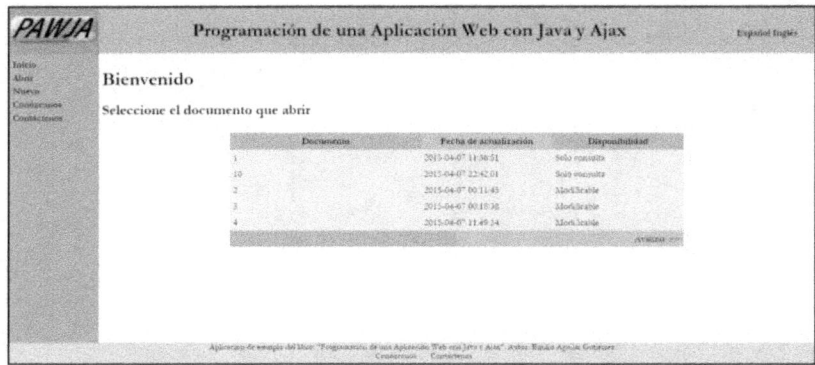

Ilustración 12: Página de inicio.

La presentación del listado estará paginada. El número de elementos de cada página es un parámetro que puede variar de un listado a otro. En este caso se ha establecido a 5 filas por página. Un número bajo, pero que ilustra bien el ejemplo de paginación que se quiere dar.

Cuando se inicia la aplicación, al no haber parámetro **id**, se toma el que hay por defecto, que corresponde con "**inicio**". Por otro lado, cuando en el menú izquierdo se hace clic en "Inicio", sí se envía el parámetro **id=inicio**, ya que si no se hace así, tomaría el último **id** que hubiera. El cual está almacenado en el objeto implícito: session. Para la opción del menú izquierdo: "Abrir", el hiperenlace es el mismo que para "Inicio".

Puesto que el **id=inicio** solo afecta a una vista, a: *inicio_vis.jsp*; no necesitamos que exista el archivo "*inicio_vis_pag.jsp*" (más adelante se explicará mejor el uso de los archivos "**_vis_pag**"). La vista *inicio_vis.jsp* realiza lo siguiente:

1. Instancia `configuracion_mod`, de la clase *Configuraciones_mod*, con el alcance de toda la sesión. Por lo que será un atributo de la variable implícita: `session`.

2. Instancia `pagina_mod`, de la clase *Paginas_mod*; con el alcance de todo el procesamiento de la solicitud realizada desde el cliente Web. Por lo que será un atributo de la variable implícita: `request`.

3. Instancia `inicio_con`, de la clase *Inicios_con*, con el alcance de esa página, exclusivamente. Por lo que será un atributo de la variable implícita: `pageContext`.

4. Instancia `edicion_con`, de *Ediciones_con*, con el alcance de página. Con el objetivo de acceder a los datos de configuración del proceso de edición.

5. Obtiene el idioma de la página, un dato que posee el objeto `configuracion_mod`.

6. Se declaran las variables que se utilizarán para poner información dentro de la sección de código HTML.

7. Se llama al método `controlador` del objeto `inicio_con`, preparando los datos que le pasa y los datos que devuelve.

8. Le sigue un bloque para presentar un **mensaje de error**, si lo hubiera.

9. Luego, se comprueba si hay un cambio de vista. Y se realiza si es así. Sin embargo, la vista inicio no hace uso del cambio de vista. Ya que efectúa cambios de página por medio de los hiperenlaces situados en la tabla que presenta con los documentos disponibles.

10. Después, le sigue el código HTML de cada idioma. Para ello, realiza la inclusión de un archivo JSPF con el fragmento de código JSP correspondiente para el idioma configurado.

Conviene mencionar que la paginación es un proceso que pertenece a la clase `Paginas_mod`, y se emplea en muchas vistas. Por ese motivo, los nombres de los parámetros de la URL, y del mapa, los obtiene con los métodos getter: `pagina_mod.getInicio_pagina` y `getFin_pagina`.

Por otro lado, **cuando se tiene que escribir código HTML hay que modificar la cadena de texto para que no tenga los caracteres especiales**, sino que los convierta a su código particular. De esa manera, el texto es texto puro. Y el texto HTML será el resultante de ser procesado con el método de la clase *Paginas_mod*:

cambiar_simbolos_HTML. Esto mismo es lo que se hace con el texto que contiene la variable: error.

El código fuente de cambiar_simbolos_HTML es:

```java
public static String cambiar_simbolos_HTML (String texto) {
    StringBuilder out = new StringBuilder (Math.max (16,
      texto.length ()));
    char letra;
    int letra_num;
    for (int i = 0; i < texto.length (); i++) {
        letra = texto.charAt (i);
        letra_num = (int) letra;
        if (/* letra_num > 127 || */ letra == '\'' || letra
          == '"' || letra == '<' || letra == '>' || letra
          == '&') {
            out.append ("&#");
            out.append (letra_num);
            out.append (';');
        } else {
            out.append (letra);
        }
    }
    texto = out.toString ();
    return texto;
}
```

El código fuente de *inicio_vis.jsp* sería el siguiente:

```jsp
<%@page contentType="text/html" pageEncoding="UTF-8"%>
<%@page import="java.util.Map, java.util.HashMap"%>
<jsp:useBean id="configuracion_mod"
    class="pawja.Configuraciones_mod" scope="session" />
<jsp:useBean id="pagina_mod" class="base.Paginas_mod"
    scope="request" />
<jsp:useBean id="inicio_con" class="pawja.Inicios_con"
    scope="page" />
<jsp:useBean id="edicion_con" class="pawja.Ediciones_con"
    scope="page" />
<%
String inicio_listar_documentos = "";
int inicio_paginar_inicio = 0;
int inicio_paginar_fin = 0;
String error [] = new String [1];
String idioma = configuracion_mod.leer_idioma (session);
Map <String, String> mapa = new HashMap ();
mapa.put ("archivo_xsl", "/WEB-INF/vistas/xsl/" + idioma +
    "/inicio.xsl");
```

```
boolean ret = inicio_con.controlador (request, pageContext,
   out, mapa, error);
if (mapa.get (pagina_mod.getPaginar_inicio ()) != null) {
   String texto = mapa.get (pagina_mod.getPaginar_inicio
      ());
   inicio_paginar_inicio = Integer.parseInt (texto);
   texto = mapa.get (pagina_mod.getPaginar_fin ());
   inicio_paginar_fin = Integer.parseInt (texto);
   inicio_listar_documentos = mapa.get
      ("aplicar_xsl_resultado");
}
if (mapa.get ("vista") != null) {
%>
   <jsp:include page='<%= mapa.get ("vista")%>'/>
<%
} else {
%>
<div id="contenido">
   <link href="vistas/css/inicio.css" rel="stylesheet"
      type="text/css">
   <%
   if (error[0] != null && !error[0].isEmpty ()) {
      error [0] = pagina_mod.poner codigo HTML (error
         [0]);
   %>
      <p class="error"><% out.print (error[0]);%></p>
   <%
   }
   if (idioma.equals ("es")) {
   %>
      <%@include file="es/inicio_vis.jspf" %>
   <%
   } else if (idioma.equals ("en")) {
   %>
      <%@include file="en/inicio_vis.jspf" %>
   <%
   }
   %>
</div>
<%
}
%>
```

El fragmento de código correspondiente con el idioma español se encuentra en la carpeta **"WEB-INF/vistas/es"**. Y su contenido es:

```
<%@ page pageEncoding="UTF-8" %>
```

```
<h1>Bienvenido</h1>
<h2>Seleccione el documento que abrir</h2>
<%
if (ret) {
%>
    <%= inicio_listar_documentos %>
    <div class="paginar_tabla">
        <div class="pagina_fila">
            <div class="paginar_celda_1">
            <% if (inicio_paginar_inicio >= 0) { %>
                <a href="<%= (configuracion_mod.getBase_url
                    () + "?" + pagina_mod.getPaginar_inicio
                    () + "=" + inicio_paginar_inicio) %>"><<
                    Retroceder</a>
            <% } else { %>
                 
            <% } %>
            </div>
            <div class="paginar_celda_2">
            <% if (inicio_paginar_fin > 0) { %>
                <a href="<%=
                    (configuracion_mod.getBase_url() + "?" +
                    pagina_mod.getPaginar_inicio () + "=" +
                    inicio_paginar_fin) %>">Avanzar >></a>
            <% } else { %>
                 
            <% } %>
            </div>
        </div>
    </div>
<%
}
%>
```

La paginación de la consulta a la base de datos

Cuando manejamos gran cantidad de datos, no resulta recomendable presentarlos todos en una única página Web. Pues prepararla llevaría demasiado tiempo. Y su uso sería muy incómodo. Pues ofrecería un exceso de información.

La paginación se maneja igual para todos los listados de bases de datos, por lo que se podría implementar un método que sirva para todas ellas.

Existen distintas maneras de paginar un gran listado. En este caso usaremos una sencilla. Que utiliza tres datos importantes:

o El número de registros por página.
o El número de registro de inicio de una página.
o El número de registro de fin de la página.

El resultado de un listado tiene muchas diferentes maneras de presentarse, lo que dificulta su gestión. Para facilitar el cambio de la presentación de un listado, sin que tengamos que cambiar el código Java que genera ese listado, emplearemos etiquetas **XML** (eXtensible Markup Language (lenguaje de marcas extensibles)) para delimitar todos los datos del listado. Y un archivo **XSL** (eXtensible Stylesheet Language (Lenguaje de hojas de estilo extensible) que contendrá todo el código relacionado con la presentación de los datos marcados con etiquetas XML.

En el caso del archivo *inicio_vis.jsp*, el archivo XSL a utilizar se encuentra en la carpeta: "**WEB-INF/vistas/xsl**", seguida de la **carpeta del idioma**, y el nombre del archivo: *inicio.xsl*.

Para realizar una paginación genérica vamos a utilizar cuatro componentes:

1. Una interfaz, denominada *I_paginable*, en el paquete: *base*, que contiene dos métodos que deben ser implementados por las clases que se paginen:
   a. `listar_documentos_xml`
   b. `getRuta_xsl`
2. Un método que trabaje con objetos instanciados de clases que implementan dicha interfaz *I_paginable*. Dicho método es genérico y se encuentra en la clase: *Paginas_mod*, en el paquete: *base*. Su nombre es: `paginar_paginable`.
   a. Este método aplica el archivo XSL y retorna el resultado final.
3. Una clase, denominada: *Formatos*, que se encuentra en el paquete: *xml*, y que contiene el método: `aplicar_xsl`, para convertir un documento XML a un documento procesarlo conforme las instrucciones de una hoja de estilo XSL.
4. Una función controladora que recibe, como parámetro de la petición Web, el inicio de la página que presentar. Y que llame al método `paginar_paginable`.

El método paginar_paginable

Este método es llamado para presentar una página. Recibe como parámetros de entrada:

1. El tamaño de la página
2. El objeto que instancia una clase que implementa la interfaz *I_paginable*.
3. Tiene como parámetro de entrada-salida:
4. El inicio de la página. Que es modificado para contener el inicio que debe utilizarse en la opción que permite obtener la **página anterior**.
5. Y tiene como parámetros de salida:
6. El inicio de la **página siguiente**.
7. El listado resultante tras aplicar la transformación indicada por la hoja de estilo XSL.
8. Un mensaje de error, si lo hay.

El resultado será verdad si no hubo errores, y falso si los hubo.

El código del método es el siguiente:

```
public boolean paginar_paginable (int paginar_tam,
    I_paginable objeto_paginable, int [] paginar_inicio, int
    [] paginar_fin, String [] resultado, String [] error)
{
    boolean ret = true;
    String [] resultado_intermedio = new String [1];
    int [] paginar_siguiente = new int [1];
    paginar_fin [0] = paginar_inicio [0] + paginar_tam;
    ret = objeto_paginable.listar_documentos_xml
      (paginar_inicio [0], paginar_fin [0],
      paginar_siguiente, resultado_intermedio, error);
    if (ret) {
        paginar_inicio [0] = paginar_inicio [0] -
          paginar_tam;
        paginar_fin [0] = paginar_siguiente [0];
        String ruta_xsl = objeto_paginable.getRuta_xsl ();
        Formatos formato = new Formatos ();
        formato.setTraduccion_mod (traduccion_mod);
        ret = formato.aplicar_xsl (resultado_intermedio
          [0], ruta_xsl, resultado, error);
    }
    return ret;
}
```

El método listar_documentos_xml

Este método es una implementación de la interfaz *I_paginable*. En el caso de la clase: *Inicios_con*, su código realizará el listado de los documentos de la tabla: *documentos*, de la base de datos: *pawja*. Y presentará el nombre del documento; su marca de tiempo de la última actualización; y, dependiendo de su tiempo de bloqueo, indicará si es **Modificable** (puede ser editado por el **primer usuario**), o **Solo consulta**, si ya ha sido bloqueado.

La firma del método es:

```
@Override
public boolean listar_documentos_xml (int inicio, int fin,
  int [] siguiente, String [] resultado, String [] error)
```

Utiliza la anotación: @override, porque implementa una interfaz.

Las acciones que realiza son:

1. Conecta con la base de datos.
2. Crea un estamento.
3. Ejecuta el estamento y recibe un objeto de la clase *ResultSet* con esos datos.
4. Recorre el objeto de la clase *ResultSet* con *next*. Si el registro está entre el inicio de página y el fin de página lo incluye en la cadena de caracteres que devolverá.
5. Cuando termina con el fin de página, debe indicar si le quedaban más registros por leer, antes de terminar. Con esto sabremos si hay **página siguiente** o no.
6. Cierra el *ResultSet*.
7. Cierra la conexión.

Además, maneja el idioma para decidir qué mensajes de error retornar.

El listado lo construye en XML y usa una etiqueta para todo el listado: <listar_documentos>, otra para cada fila: <fila>, y otras para cada columna: <columna_1>, <columna_2>, <columna_3>. El cierre de las etiquetas XML se hace con: </, se indica el nombre de la etiqueta, y se termina con: >.

El código simplificado que recorre el ResultSet es:

```
resultado [0] = "<listar_documentos>";
int i = 0;
```

```
while (true) {
    if (! resultset.next()) {
        siguiente [0] = 0;
        break;
    }
    if (i >= fin) {
        siguiente [0] = i;
        break;
    }
    if (i >= inicio) {
        texto = resultset.getString ("id_documento");
        texto = Paginas_mod.poner_codigo_XML (texto);
        resultado [0] += "<fila>";
        resultado [0] += "<columna_1>" + texto +
          "</columna_1>";
        Timestamp tiempo_actualizacion =
          resultset.getTimestamp ("tiempo_actualizacion");
        if (tiempo_actualizacion != null) {
            SimpleDateFormat simpledateformat = new
                SimpleDateFormat ("yyyy-MM-dd HH:mm:ss");
            texto = simpledateformat.format
                (tiempo_actualizacion);
            texto = Paginas_mod.poner_codigo_XML (texto);
        } else {
            texto = "";
        }
        resultado [0] += "<columna_2>" + texto +
          "</columna_2>";
        Timestamp tiempo_bloqueo = resultset.getTimestamp
          ("tiempo_bloqueo");
        if (tiempo_bloqueo == null) {
            tiempo_bloqueo = new Timestamp (0);
        }
        Date tiempo_actual = new Date ();
        if (tiempo_actual.getTime () -
          tiempo_bloqueo.getTime () >
          configuracion_mod.getMilisegundos_maximo_bloqueo
          ()) {
            texto = "";
            texto += configuracion_mod.getTraduccion_mod
                ().seleccionar ("es", "Modificable");
            texto += configuracion_mod.getTraduccion_mod
                ().seleccionar ("en", "Modifiable");
        } else {
            texto = "";
            texto += configuracion_mod.getTraduccion_mod
                ().seleccionar ("es", "Solo consulta");
```

```
            texto += configuracion_mod.getTraduccion_mod
               ().seleccionar ("en", "Browse only");
        }
        resultado [0] += "<columna_3>" + texto +
          "</columna_3>";
        resultado [0] += "</fila>";
    }
    i++;
}
resultado [0] += "</listar_documentos>";
```

Los métodos aplicar_xsl

Este método de la clase: *Formatos*, del paquete: *xml*, aplica una transformación XSL a un texto XML. Hay dos métodos. Uno prepara los datos, y el segundo los procesa. Su código es el siguiente:

```
public boolean aplicar_xsl (String texto_xml, String
  real_path_xsl, String [] resultado, String [] error)
{
    boolean ret = true;
    resultado [0] = "";
    error [0] = "";
    File file_xsl = new File (real_path_xsl);
    try {
        FileInputStream inputstream_xsl = new
          FileInputStream (file_xsl);
        StringReader stringreader_xml = new StringReader
          (texto_xml);
        StringWriter stringwriter = new StringWriter ();
        ret = aplicar_xsl (stringreader_xml,
          inputstream_xsl, stringwriter, error);
        resultado [0] = stringwriter.toString ();
    } catch (FileNotFoundException e) {
        ret = false;
        error [0] = "";
        error [0] += seleccionar_traduccion ("es", "No se
          ha podido encontrar el archivo xsl. ");
        error [0] += seleccionar_traduccion ("en", "xsl
          file not found. ");
        error [0] += e.getMessage ();
    }
    return ret;
}

public boolean aplicar_xsl (Reader reader_xml, InputStream
  inputstream_xsl, Writer resultado, String [] error)
```

```
{
    boolean ret = true;
    try {
        TransformerFactory transformerfactoria =
            TransformerFactory.newInstance ();
        Source streamsource_xsl = new StreamSource
            (reader_xsl);
        Transformer transformer =
            transformerfactoria.newTransformer
            (streamsource_xsl);
        Source streamsource_xml = new StreamSource
            (reader_xml);
        Result result = new StreamResult (resultado);
        transformer.transform (streamsource_xml, result);
    } catch (TransformerException e) {
        error [0] = "";
        error [0] += seleccionar_traduccion ("es", "Error
            al transformar el xml con un xsl. ");
        error [0] += seleccionar_traduccion ("en", "Error
            transforming xml with xsl. ");
        error [0] += e.getMessage ();
        error [0] += seleccionar_traduccion_fin ();
        ret = false;
    }
    return ret;
}
```

Este método también tiene mensajes de error en diferentes idiomas, por lo que usa los métodos: seleccionar_traduccion y seleccionar_traduccion_fin, cuyo código es:

```
public String seleccionar_traduccion (String idioma, String
    texto)
{
    if (traduccion_mod == null) {
        Traducciones_mod traduccion = new Traducciones_mod
            ();
        return traduccion.seleccionar (idioma, texto);
    } else {
        return traduccion_mod.seleccionar (idioma, texto);
    }
}

public String seleccionar_traduccion_fin ()
{
    if (traduccion_mod == null) {
```

```
      Traducciones_mod traduccion = new Traducciones_mod
      ();
      return traduccion.seleccionar_fin();
   } else {
      return traduccion_mod.seleccionar_fin();
   }
}
```

Estos métodos permiten manejar el atributo opcional: traduccion, de la clase *Formatos*. Es decir, que si el atributo es *null*, crea un objeto de la clase *Traducciones_mod* que obtendrá el idioma por defecto para la traducción.

El archivo inicio.xsl

El uso de un archivo separado para el formato de unos datos da independencia entre la **vista** y el **modelo**. Un ejemplo de uso sería cuando el formato cambia según el dispositivo. Un formato para un ordenador y otro para un teléfono móvil, por ejemplo.

En este archivo XSL, además, se incluye un hiperenlace. El cual se añade al nombre de cada documento. Lo que muestra la potencia que ofrece el lenguaje XSL, a pesar de ser tan poco amigable.

El código XSL, junto con código HTML, del archivo *inicio.xsl* (en: **WEB-INF/vistas/xsl**, y dentro de la carpeta del idioma correspondiente) es:

```
<?xml version="1.0" encoding="UTF-8" ?>
<xsl:stylesheet version="1.0"
  xmlns:xsl="http://www.w3.org/1999/XSL/Transform">
  <xsl:output method="html"/>
  <xsl:template match="/">
    <div class="inicio_tabla_xsl">
      <div class="inicio_xsl_fila_cabecera">
        <div class =
          "inicio_xsl_columna_1_cabecera"
          ><b>Documento</b></div>
        <div class =
          "inicio_xsl_columna_2_cabecera" ><b>Fecha
          de actualización</b></div>
        <div class =
          "inicio_xsl_columna_3_cabecera"
          ><b>Disponibilidad</b></div>
      </div>
      <xsl:for-each select="//fila">
```

```
<div class="inicio_xsl_fila">
    <div class = "inicio_xsl_columna_1" >
        <a href =
        "index.jsp?id=edicion&#038;documen
        to_nombre={columna_1}" >
        <xsl:value-of select =
        "columna_1"/>
        </a>
    </div>
    <div class = "inicio_xsl_columna_2">
        <xsl:value-of select =
        "columna_2"/>
    </div>
    <div class = "inicio_xsl_columna_3">
        <xsl:value-of select =
        "columna_3"/>
    </div>
</div>
        </xsl:for-each>
    </div>
    </xsl:template>
</xsl:stylesheet>
```

Es interesante señalar que el signo ampersand (&) no se puede representar directamente (pues es un carácter de escape), y se ha convertido a su código numérico: &

El editor HTML

Desde la página de inicio, y desde la página de nuevo documento, se realiza un cambio de vista. En el caso de la página de inicio, éste se realiza por un hiperenlace con el parámetro **id=edicion**, si es *Modificable*; o con el parámetro **id=visualización**, si es de *Solo consulta*. Si el documento es modificable se redirecciona a la **vista de edición del archivo**. Pero si el documento es solo de consulta, se redirecciona a la **vista de visualización**. En este capítulo nos centraremos en la vista de edición.

Para la edición se utiliza un editor HTML de código abierto, escrito en JavaScript. Dicho editor HTML es: *tinymce.min*. La información sobre el editor HTML, se puede encontrar en su página Web: http://www.tinymce.com/.

Para el uso del mismo es necesario utilizar el lenguaje JavaScript.

El cambio de idioma en el cliente

El lenguaje JavaScript se ejecuta en el navegador cliente, por lo que es necesario transmitir la información del idioma a utilizar desde el servidor, en la página Web que el cliente recibe.

Para manejar el idioma en el cliente se utiliza un archivo de código JavaScript, situado en la carpeta: *javascript* del sitio Web. El archivo se denomina *traducciones_mod.js* y su código es el siguiente:

```
function traducciones_mod ()
{
    this.idioma = "es";
    this.hay_seleccion = false;
    this.mensaje = "";
    this.seleccionar = traducciones_mod_seleccionar;
    this.seleccionar_fin =
      traducciones_mod_seleccionar_fin;
}

function traducciones_mod_seleccionar (idioma, mensaje)
{
    this.mensaje = mensaje;
    if (this.idioma == idioma) {
        return mensaje
    } else {
        return "";
```

```
    }
}

function traducciones_mod_seleccionar_fin ()
{
    mensaje_fin = this.mensaje;
    this.mensaje = "";
    if (this.hay_seleccion) {
        this.hay_seleccion = false;
        return "";
    } else {
        return mensaje_fin;
    }
}

traduccion_mod = new traducciones_mod ();
```

Simplemente, habilita una clase para seleccionar el idioma que utilizar. De manera semejante a como se hace en el servidor. Si faltara un idioma, utiliza el último que había. Este archivo es incluido siempre en el archivo *index.jsp*.

La configuración en el cliente

Para la parametrización del cliente Web utilizamos un archivo JavaScript, situado en la carpeta *javascript*, y denominado: *configuraciones_mod.js*

En él se define el tiempo de espera entre los envíos de datos del editor, cuando está en modo **modificable**, desde el cliente Web hacia el servidor. También se define el tiempo de envío de petición de bloqueo en el editor; haya, o no, actividad. Y el tiempo entre las peticiones de los datos del documento, desde los clientes Web que han abierto ese documento en modo de **solo consulta**.

El código de *configuraciones_mod.js* es:

```
function configuraciones_mod ()
{
    this.milisegundos_enviar_texto = 5000; // 5 segundos.
    this.milisegundos_recibir_texto = 5000; // 5 segundos.
    this.milisegundos_enviar_actualizar = 180000;  // 3
      min.
}

configuracion_mod = new configuraciones_mod ();
```

Simplemente, habilita una clase para obtener los datos de la configuración del cliente. De manera semejante a como se hace en el servidor. Este archivo es incluido siempre en el archivo *index.jsp*.

La librería Ajax

Para realizar llamadas a páginas Web desde JavaScript empleamos la tecnología AJAX (Asynchronous JavaScript And Xml (JavaScript y XML Asíncrono).

Existen algunas cuestiones que se necesitan mencionar antes de nada. Primero es que el uso de AJAX depende del navegador Web que se utilice. No es igual para *Internet Explorer* que para los que siguen las especificaciones de *Mozilla*. Además, es interesante indicar que se puede utilizar de manera síncrona, y no solo asíncrono.

Por otro lado, existen restricciones de seguridad que hacen que no se pueda pedir datos a un sitio Web distinto del origen de la página Web en la que se ejecuta el código JavaScript de AJAX. Sin embargo, existe la posibilidad de que, en el navegador Web, se conceda el privilegio: *'UniversalBrowserRead'*. Lo que permitiría, de concederse, que se accediera por AJAX a otros sitios Web distintos del de la página anfitriona.

Respecto al protocolo de comunicación que se utiliza en una petición AJAX. La norma es que el protocolo sea el mismo que el que utilizó la página Web en la que se ejecuta el código JavaScript de AJAX. Si la página llegó con el protocolo HTTP, o HTTPS, eso condiciona el que utilizará AJAX.

Respecto al paso de parámetros hacia al servidor, hay dos métodos: **get** y **post**. El primero tiene limitada la longitud de los parámetros. El segundo la tiene muchísimo menos limitada. Pero en el segundo caso hay que indicar que la codificación del formulario, el "Content-type", será:

```
"application/x-www-form-urlencoded".
```

Los parámetros se deben codificar conforme a las normas de las URI. Por lo que ciertos caracteres no pueden enviarse tal y como son, sino que deben codificarse. Para ello se debe utilizar la función JavaScript: encodeURIComponent antes de utilizar la librería: *ajax_mod.js*, que se describe a continuación. Dicha librería está en la carpeta: *javascript*.

Hay que indicar, además, que solo se enviarán los parámetros que se configuren en la petición AJAX. Eso significa que el dato que identifica la sesión establecida, desde el navegador con el servidor, no es enviado de manera automática. Sino que es necesario añadirlo manualmente. En el caso de las páginas JSP, el identificador de sesión se denomina: `jsessionid`. Y su valor es accesible desde la página JSP mediante: `session.getId ()`. Por lo que se debe añadir el código javascript, junto con algo de código JSP.

Su funcionamiento es el siguiente:

1. Al cargarse la librería, se construye un objeto *XmlHttpRequest*.
2. Se pueden hacer tres tipos de peticiones AJAX.
   o Petición sin respuesta:
      `ajax_enviar_peticion_sin_retorno`.
   o Petición cuya respuesta se redirige a una función JavaScript que se indica como parámetro:
      `ajax_enviar_peticion_con_funcion`.
   o Petición cuya respuesta es insertada en una etiqueta HTML como: `innerHTML`. Y se pasa el identificador de la etiqueta como parámetro:
      `ajax_enviar_peticion_con_id_elemento`.
3. Si la respuesta del servidor, tras la petición AJAX, es código XML, existe una función que genera un objeto DOM a partir del texto XML recibido: `ajax_crear_objeto_dom`.
4. La librería hace uso de *traducciones_mod.js* para traducir los mensajes de error.

El código del archivo *ajax_mod.js* es

```
var ajax_global_xmlHttpRequest =
   ajax_crear_XmlHttpRequest();
var ajax_global_errores_mensaje = "";
var ajax_global_id_elemento_destinatario = null;
var ajax_global_funcion_destinatario = null;

function ajax_crear_XmlHttpRequest ()
{
    var var_XMLHttpRequest;
    try {
        var_XMLHttpRequest = new XMLHttpRequest ();
    } catch (e) {
        // Para Internet Explorer 6 o anteriores
        var var_XmlHttpVersion_array = new Array (
```

```
                "MSXML2.SMLHTTP.6.0",
                "MSXML2.SMLHTTP.5.0",
                "MSXML2.SMLHTTP.4.0",
                "MSXML2.SMLHTTP.3.0",
                "MSXML2.SMLHTTP");
        // Probar las versiones hasta que una funcione
        var_XMLHttpRequest = null;
        var i = 0;
        while (true) {
            if (i >= var_XmlHttpVersion_array.length) {
                break;
            }
            if (var_XMLHttpRequest) {
                break;
            }
            try {
                var_XMLHttpRequest = new ActiveXObject
                  (var_XmlHttpVersion_array [i]);
            } catch (e) {
            }
            i++;
        }
    }
    if (! var_XMLHttpRequest) {
        ajax_global_errores_mensaje = "";
        ajax_global_errores_mensaje +=
          traduccion_mod.seleccionar ("es", "Error creando
          el objeto XMLHttpRequest. ");
        ajax_global_errores_mensaje +=
          traduccion_mod.seleccionar ("en", "Error creting
          object XMLHttpRequest. ");
        alert (ajax_global_errores_mensaje);
        return null;
    } else {
        return var_XMLHttpRequest;
    }
}

function ajax_enviar_peticion_sin_retorno
   (url_sin_parametros, parametros_encodeURIComponent_array,
   get_o_post, es_pedir_privilegios)
{
    var ret = true;
    if (ajax_global_xmlHttpRequest) {
        try {
            if (es_pedir_privilegios) {
                // Pedir permiso para conectar con URLs
```

```
        // distintas de la del sitio Web
        // (en Mozilla y compatibles).
        try {
            netscape.security.PrivilegeManager.
            enablePrivilege
            ('UniversalBrowserRead');
        } catch (e) {
        }
    }
    var asincrono = true;
    var parametros_lista = null;
    var url_con_parametros = url_sin_parametros;
    var i = 0;
    var tam = parametros_encodeURIComponent_array.
      length;
    while (true) {
        if (i >= tam) {
            break;
        }
        if (parametros_lista == null) {
            url_con_parametros += "?" +
              parametros_encodeURIComponent_array
              [i];
            parametros_lista =
              parametros_encodeURIComponent_array
              [i];
        } else {
            url_con_parametros += '&' +
              parametros_encodeURIComponent_array
              [i];
            parametros_lista += '&' +
              parametros_encodeURIComponent_array
              [i];
        }
        i++;
    }
    // El protocolo de AJAX es el mismo que la
    // página que realizó la llamada.
    // Una página que se solicitó con HTTPS enviará
    // con ese protocolo.
    if (get_o_post) {
        ajax_global_xmlHttpRequest.open ("GET",
          url_con_parametros, asincrono);
        ajax_global_xmlHttpRequest.send (null);
    } else {
        ajax_global_xmlHttpRequest.open ("POST",
          url_sin_parametros, asincrono);
```

```
                ajax_global_xmlHttpRequest.setRequestHeader
                   ("Content-type"
                   , "application/x-www-form-urlencoded");
                ajax_global_xmlHttpRequest.send
                   (parametros_lista);
            }
        } catch (e) {
            ajax_global_errores_mensaje = "";
            ajax_global_errores_mensaje +=
                traduccion_mod.seleccionar ("es", "No se ha
                podido conectar con el servidor. ");
            ajax_global_errores_mensaje +=
                traduccion_mod.seleccionar ("en", "Not
                posssible connect server. ");
            ajax_global_errores_mensaje += e.toString()+".
                ";
            alert (ajax_global_errores_mensaje);
            ret = false;
        }
    } else {
        ret = false;
    }
    return ret;
}

function ajax_enviar_peticion_con_id_elemento
    (url_sin_parametros, parametros_encodeURIComponent_array,
    get_o_post, es_pedir_privilegios,
    id_elemento_destinatario)
{
    var ret = true;
    if (ajax_global_xmlHttpRequest) {
        ajax_global_id_elemento_destinatario =
            id_elemento_destinatario;
        ajax_global_funcion_destinatario = null;
        if (id_elemento_destinatario != null) {
            ajax_global_xmlHttpRequest.onreadystatechange =
                ajax_manejar_readystatechange;
        } else {
            ajax_global_xmlHttpRequest.onreadystatechange =
                null;
        }
        ret = ajax_enviar_peticion_sin_retorno
            (url_sin_parametros,
            parametros_encodeURIComponent_array, get_o_post,
            es_pedir_privilegios);
    } else {
```

```
        ret = false;
    }
    return ret;
}

function ajax_enviar_peticion_con_funcion
    (url_sin_parametros, parametros_encodeURIComponent_array,
    get_o_post, es_pedir_privilegios, nombre_funcion)
{
    var ret = true;
    if (ajax_global_xmlHttpRequest) {
        ajax_global_id_elemento_destinatario = null;
        ajax_global_funcion_destinatario = nombre_funcion;
        ajax_global_xmlHttpRequest.onreadystatechange =
          ajax_manejar_readystatechange;
        ret = ajax_enviar_peticion_sin_retorno
          (url_sin_parametros,
          parametros_encodeURIComponent_array, get_o_post,
          es_pedir_privilegios);
    } else {
        ret = false;
    }
    return ret;
}

function ajax_manejar_readystatechange ()
{
    var ret = true;
    if (ajax_global_xmlHttpRequest.readyState == 4) {
        if (ajax_global_xmlHttpRequest.status == 200) {
            try {
                ajax_manejar_respuesta_del_servidor ();
            } catch (e) {
                ajax_global_errores_mensaje = "";
                ajax_global_errores_mensaje +=
                  traduccion_mod.seleccionar ("es", "Error
                  al leer la respuesta del servidor. ");
                ajax_global_errores_mensaje +=
                  traduccion_mod.seleccionar ("en", "Error
                  reading answer from server. ");
                ajax_global_errores_mensaje += e.toString()
                  + ". ";
                alert (ajax_global_errores_mensaje);
                ret = false;
            }
        } else if (ajax_global_xmlHttpRequest.status != 0)
{
```

```
                ajax_global_errores_mensaje = "";
                ajax_global_errores_mensaje +=
                    traduccion_mod.seleccionar ("es", "Estado
                    inesperado al recibir los datos del servidor:
                    ");
                ajax_global_errores_mensaje +=
                    traduccion_mod.seleccionar ("en", "Unexpected
                    error receiving data from server. ");
                ajax_global_errores_mensaje +=
                    ajax_global_xmlHttpRequest.statusText + ". ";
                alert (ajax_global_errores_mensaje);
                ret = false;
            } else {
                ajax_global_errores_mensaje = "";
                ajax_global_errores_mensaje +=
                    traduccion_mod.seleccionar ("es", "La página
                    pedida se almacena en la cache y no se envía
                    una nueva petición. ");
                ajax_global_errores_mensaje +=
                    traduccion_mod.seleccionar ("en", "The
                    requested page is cached and a new request is
                    not sent. ");
                ret = false;
            }
        }
    return ret;
}

function ajax_manejar_respuesta_del_servidor ()
{
    var var_responseText =
      ajax_global_xmlHttpRequest.responseText;
    if (ajax_global_id_elemento_destinatario != null) {
        var var_elemento = document.getElementById
            (ajax_global_id_elemento_destinatario);
        var_elemento.innerHTML = var_responseText;
    }
    if (ajax_global_funcion_destinatario != null) {
        ajax_global_funcion_destinatario
(var_responseText);
    }
}

function ajax_crear_objeto_dom (texto)
{
    var xmlDoc;
    if (window.DOMParser) {
```

```
      var parser = new DOMParser ();
      xmlDoc = parser.parseFromString (texto,"text/xml");
   } else { // Internet Explorer
      xmlDoc = new ActiveXObject ("Microsoft.XMLDOM");
      xmlDoc.async = false;
      xmlDoc.loadXML (txt);
   }
   return xmlDoc;
}
```

La creación del editor tinyMCE

El editor se puede configurar de diferentes maneras. En el caso de la edición, para la aplicación, se debe preparar para que se pueda traducir a diferentes idiomas: español o inglés.

Además, cada vez que se cambie algo en el texto, debemos saberlo; para enviarlo, o no, al servidor. De modo que los lectores (modo: **Solo consulta**) puedan pedir el nuevo texto.

Por ello se utiliza el siguiente código (escrito en la vista JSP: *edicion_vis.jsp*):

```
var edicion_global_cambio = false;

function edicion_iniciar_editor ()
{
   if (traduccion_mod.idioma == "es") {
      tinymce.init({
         selector: "textarea",
         plugins: [
            "advlist autolink lists link image charmap
               preview anchor",
            "searchreplace visualblocks code
               fullscreen",
            "insertdatetime media table contextmenu
               paste"
         ],
         toolbar: "insertfile undo redo | styleselect |
            bold italic | alignleft aligncenter
            alignright alignjustify | bullist numlist
            outdent indent | link image",
         setup : function(editor) {
            editor.on ('change', function() {
               edicion_global_cambio = true;
            });
         },
```

```
                Language: "es"
        });
    } else {
        tinymce.init({
            selector: "textarea",
            plugins: [
                "advlist autolink lists link image charmap
                    preview anchor",
                "searchreplace visualblocks code
                    fullscreen",
                "insertdatetime media table contextmenu
                    paste"
            ],
            toolbar: "insertfile undo redo | styleselect |
                bold italic | alignleft aligncenter
                alignright alignjustify | bullist numlist
                outdent indent | link image",
            setup : function(editor) {
                editor.on ('change', function() {
                    edicion_global_cambio = true;
                });
            }
        });
    }
}

edicion_iniciar_editor ();
```

El envío de los cambios en el editor HTML

Utilizando la variable global de JavaScript: edicion_global_cambio, podemos saber si ha habido algún cambio. Pero, además, podemos saberlo comparando los caracteres que tenía el texto en el último envío, con los caracteres que tiene el texto en el momento de enviar un nuevo texto (si hay cambios). Las comprobaciones de cambios en el texto se realizan cada un número de segundos que está indicado en el archivo *configuraciones_mod.js*.

Los nombres de los parámetros están definidos en la clase *Ediciones_con*, para igualar su nombre en el cliente y el servidor. Y se recuperan con los **getter**.

Entre los parámetros que se envían al servidor, incluimos el identificador de la sesión establecida entre el cliente Web y el servidor JSP. El nombre de ese identificador, en JSP, es: *jsessionid*.

El código JavaScript (y JSP) de la llamada AJAX es el siguiente:

```
var edicion_global_tam = 0;
var edicion_global_ultimo_acceso = "<%=
  edicion_ultimo_acceso %>";

function edicion_enviar_texto_completo ()
{
    var ret = true;
    var documento = tinymce.activeEditor.getContent ();
    var tam = documento.length;
    if (edicion_global_tam != tam || edicion_global_cambio)
    {
        edicion_global_tam = tam;
        edicion_global_cambio = false;
        var documento_uri = encodeURIComponent (documento);
        var documento_nombre = "<%=
          edicion_documento_nombre %>";
        var documento_nombre = encodeURIComponent
          (documento_nombre);
        var ultimo_acceso = edicion_global_ultimo_acceso;
        var ultimo_acceso = encodeURIComponent
          (ultimo_acceso);
        var idioma = traduccion_mod.idioma;
        var idioma = encodeURIComponent (idioma);
        var jsessionid = "<%= session.getId () %>";
        var jsessionid = encodeURIComponent (jsessionid);
        var get_o_post = false; // post
        var es_pedir_privilegios = false;
        ret = ajax_enviar_peticion_con_funcion (
          "ajax_edicion.jsp"
          , new Array ("<%= edicion_con.getId_documento ()
              %>=" + documento_uri,
            "<%= edicion_con.getId_documento_nombre () %>="
              + documento_nombre,
            "<%= edicion_con.getId_ultimo_acceso () %>=" +
              ultimo_acceso,
            "<%= configuracion_mod.getId_idioma () %>=" +
              idioma,
            "jsessionid=" + jsessionid)
          , get_o_post
          , es_pedir_privilegios
          , edicion_recibir_informacion);
    }
    return ret;
}
```

```
function edicion_recibir_informacion (texto)
{
    var ret = true;
    var objeto_dom = ajax_crear_objeto_dom (texto);
    var elementos_array = objeto_dom.getElementsByTagName
      ("ultimo_acceso");
    if (elementos_array != null) {
        if (elementos_array.length > 0) {
            var elemento_0 = elementos_array [0];
            edicion_global_ultimo_acceso =
                elemento_0.innerHTML;
        } else {
            ret = false;
        }
    } else {
        ret = false;
    }
    elementos_array = objeto_dom.getElementsByTagName
      ("error");
    if (elementos_array != null) {
        if (elementos_array.length > 0) {
            var elemento_0 = elementos_array [0];
            alert (elemento_0.innerHTML);
        }
    }
    return ret;
}

window.setInterval (edicion_enviar_texto_completo,
    configuracion_mod.milisegundos_enviar_texto);
```

Hay que considerar algunos aspectos de la petición AJAX.

o   Los parámetros de la petición se codifican con: encodeURIComponent.

o   Con setInterval se establece el tiempo cíclico en el que se hace el envío de los cambios, si los hay.

o   La respuesta de la petición se va a enviar a la función: edicion_recibir_informacion. Es un texto XML que será convertido a un objeto DOM para extraer las etiquetas que nos interesan: *ultimo_acceso* y *error*.

   •   La información del tiempo del último acceso: *ultimo_acceso*, se utiliza para saber si el documento sigue bloqueado correctamente, o se ha detectado un problema de sincronización. Dicha información llega:

- Desde la petición de toda la página. Y se emplea código JSP: `<%= edicion_ultimo_acceso %>`.

- O desde AJAX, y se actualiza con el texto dentro de la etiqueta XML, de la siguiente manera:
  `edicion_global_ultimo_acceso = elemento_0.innerHTML;`

El envío periódico para actualizar el bloqueo

En el caso de que el **primer usuario** (**el editor**), no actualizara el documento. Se envía un indicador de que aún lo tiene en modo **Modificable** cada cierto tiempo, que está definido en *configuraciones_mod.js*.

Los nombres de los parámetros se obtienen de la clase *Ediciones_con* del servidor. El valor del parámetro *jsessionid* se escribe en el JSP con `<%= session.getId () %>`.

El código JavaScript (y JSP) de esa funcionalidad es el siguiente:

```
function edicion_enviar_actualizar_bloqueo ()
{
    var ret = true;
    var documento_nombre = "<%= edicion_documento_nombre
    %>";
    var documento_nombre = encodeURIComponent
    (documento_nombre);
    var ultimo_acceso = edicion_global_ultimo_acceso;
    var ultimo_acceso = encodeURIComponent (ultimo_acceso);
    var idioma = traduccion_mod.idioma;
    var idioma = encodeURIComponent (idioma);
    var jsessionid = "<%= session.getId () %>";
    var jsessionid = encodeURIComponent(jsessionid);
    var get_o_post = false; // post
    var es_pedir_privilegios = false;
    ret = ajax_enviar_peticion_con_funcion (
    "ajax_edicion.jsp"
    , new Array ("<%=
        edicion_con.getId_actualizar_bloqueo () %>=si",
      "<%= edicion_con.getId_documento_nombre () %>=" +
        documento_nombre,
      "<%= edicion_con.getId_ultimo_acceso () %>=" +
        ultimo_acceso,
      "<%= configuracion_mod.getId_idioma () %>=" +
        idioma,
      "jsessionid=" + jsessionid)
```

```
    , get_o_post
    , es_pedir_privilegios
    , edicion_recibir_informacion);
  return ret;
}
```

```
window.setInterval (edicion_enviar_texto_completo,
  configuracion_mod.milisegundos_enviar_texto);
```

Esta petición AJAX tiene los mismos requisitos que la anterior:

o   Usa `setInterval` y `encodeURIComponent`.

o   Envía `documento_nombre` e `idioma` porque el servidor no recibe el identificador de la sesión del cliente Web que llamó a la página anfitriona.

o   Actualiza `ultimo_acceso`.

El problema de la vista de edición

Una vez que se recibe la petición desde la página de inicio, la página destinataria: *index.jsp* analiza el parámetro: *id* para determinar la vista que mostrar. Existen dos posibilidades:

1. Solo se muestra la vista pedida, sin afectar a los demás elementos del marco. Es decir, sin afectar a: *cabecera*, *menu_izquierdo*, y *pie*.
2. La vista afecta a los demás elementos. En ese caso debe procesarse un archivo opcional, denominado **<*vista*>_vis_pag.jsp**.

Puesto que el proceso de editar un archivo afecta al menú de la izquierda, deberemos utilizar *edicion_vis_pag.jsp*. El menú de la izquierda debe ofrecer un nuevo elemento: **Guardar**. El cual solo está visible para el **usuario primero**, el que edita el documento.

El menú izquierdo tiene, en los archivos **.jspf** de cada idioma, el siguiente código (se muestra el archivo: *es/menú_izquierdo.jspf*):

```
<%
    if (menu_izquierdo_documento_nombre != null &&
        menu_izquierdo_modo_edicion) {
%>
        <li class="lista_linea"><a
          onclick="menu_izquierdo_guardar_documento ()"
          href="#">Guardar</a></li>
<%
    }
```

```
%>
```

Este fragmento de código está presente en función de dos variables declaradas en *menu_izquierdo_vis.jsp*. Y establece la llamada a la función JavaScript: `menu_izquierdo_guardar_documento`, que responde al evento JavaScript: `onclick`. Y desempeña su acción por medio de AJAX.

El código de la vista *menu_izquierdo_vis.jpg* para modificar su menú en función del comportamiento de *edicion_vis_pag.jsp*, es el siguiente:

```
<%@page contentType="text/html" pageEncoding="UTF-8"%>
<%@page import="java.util.Map"%>
<jsp:useBean id="configuracion_mod"
    class="pawja.Configuraciones_mod" scope="session" />
<jsp:useBean id="pagina_mod" class="base.Paginas_mod"
    scope="request" />
<jsp:useBean id="edicion_con" class="pawja.Ediciones_con"
    scope="page" />
<%
String idioma = configuracion_mod.leer_idioma (session);
String menu_izquierdo_documento_nombre = null;
boolean menu_izquierdo_modo_edicion = false;
Map <String, String> mapa_vis_pag = pagina_mod.getMapa ();
if (mapa_vis_pag != null) {
    if (mapa_vis_pag.get
      (edicion_con.getId_documento_nombre ()) != null) {
        menu_izquierdo_documento_nombre = mapa_vis_pag.get
          (edicion_con.getId_documento_nombre ());
    }
}
if (session.getAttribute (edicion_con.getId_modo_edicion
  ()) != null) {
    menu_izquierdo_modo_edicion = true;
}
%>
```

El paso de los datos desde el controlador de la vista de página, hasta el controlador de la vista, se realiza mediante los métodos de la clase *Paginas_mod*: `setMapa`, en **<vista>_vis_pag**; y `getMapa`, en **<vista>_vis**.

La vista edicion_vis_pag

Esta vista simplemente realiza una llamada al controlador de la clase *Edicion_con.java*. Que es la que realiza el trabajo más complejo, como se explica más adelante. El código de *edicion_vis_pag.jsp* es:

```
<%@page contentType="text/html" pageEncoding="UTF-8"%>
<%@page import="java.util.Map, java.util.HashMap"%>
<jsp:useBean id="configuracion_mod"
    class="pawja.Configuraciones_mod" scope="session" />
<jsp:useBean id="edicion_con" class="pawja.Ediciones_con"
    scope="page"/>
<jsp:useBean id="pagina_mod" class="base.Paginas_mod"
    scope="request" />
<%
String error[] = new String[1];
Map<String, String> mapa = new HashMap ();
boolean ret = edicion_con.controlador (request,
    pageContext, out, mapa, error);
mapa.put ("error", error [0]);
pagina_mod.setMapa (mapa);
%>
```

El controlador de edición

La clase *Ediciones_con* contiene el método `controlador` para que procese la petición de **abrir documento**. Pero, además, también debe atender a la petición de **nuevo documento**. Y, para mayor dificultad, atender a una petición sin parámetros, como la que corresponde a un **cambio de idioma**.

El código del controlador realiza muchas operaciones:

1. Recupera el bean: `configuracion_mod`, declarado en la vista.
2. Recoge el nombre del documento. Puede provenir del parámetro:
    o   `edicion_documento_nombre`;
    o   de `inicio_documento_nombre`;
    o   o, si no se recibe en un parámetro, lo debe recuperar de los atributos de la sesión.
3. Si encuentra el nombre del documento, lo guarda en el atributo de sesión: `Ediciones_con_documento_nombre` (tiene como prefijo el archivo donde se declara).
4. Recupera el documento, que es un archivo de texto guardado en el sistema de archivos del servidor. **La ruta de almacenamiento**

se configura a partir de la ruta real del Contexto del Servlet (es decir, la carpeta física de inicio del sitio Web). Y se le añade un sufijo, definido en la propia clase:

```
public String carpeta = "WEB-INF/documentos";
```

5. Además, comprueba que el documento no está bloqueado, utilizando el método de la propia clase: `comprobar_basedato_es_bloqueo`.

6. Si está bloqueado, entonces pueden suceder dos cosas:
   o Lo bloqueó el propio cliente en una acción previa.
   o Lo bloqueó otro usuario justo antes que nuestro cliente.

   Para diferenciar ambas posibilidades, utilizamos un atributo de sesión. Si es `true`, el bloqueo es nuestro. Este atributo de sesión se destruye cuando el usuario crea un **nuevo** documento. Y cuando se visita la página de **inicio** o de **abrir**.

7. Luego, dentro de la misma condición, realizamos tres posibles acciones:
   o Si tenemos que abrir el documento en modo: **solo consulta**, debemos cambiar de vista. Y poner la vista *"visualizacion"*.
     ▪ Sería el caso de que esté bloqueado por otro usuario.
   o Si el archivo no está bloqueado: lo abrimos en modo: **modificable** y lo bloqueamos. Con lo que se presentará el editor JavaScript.
   o Si el archivo está bloqueado por el propio cliente: Actualizamos el bloqueo. Y abrimos el archivo temporal, en lugar del archivo con los últimos cambios guardados.

La operativa completa se podría explicar fácilmente con un diagrama UML de actividad, como se ve en la Ilustración 13: Diagrama de actividad del controlador de Ediciones_conIlustración 13:

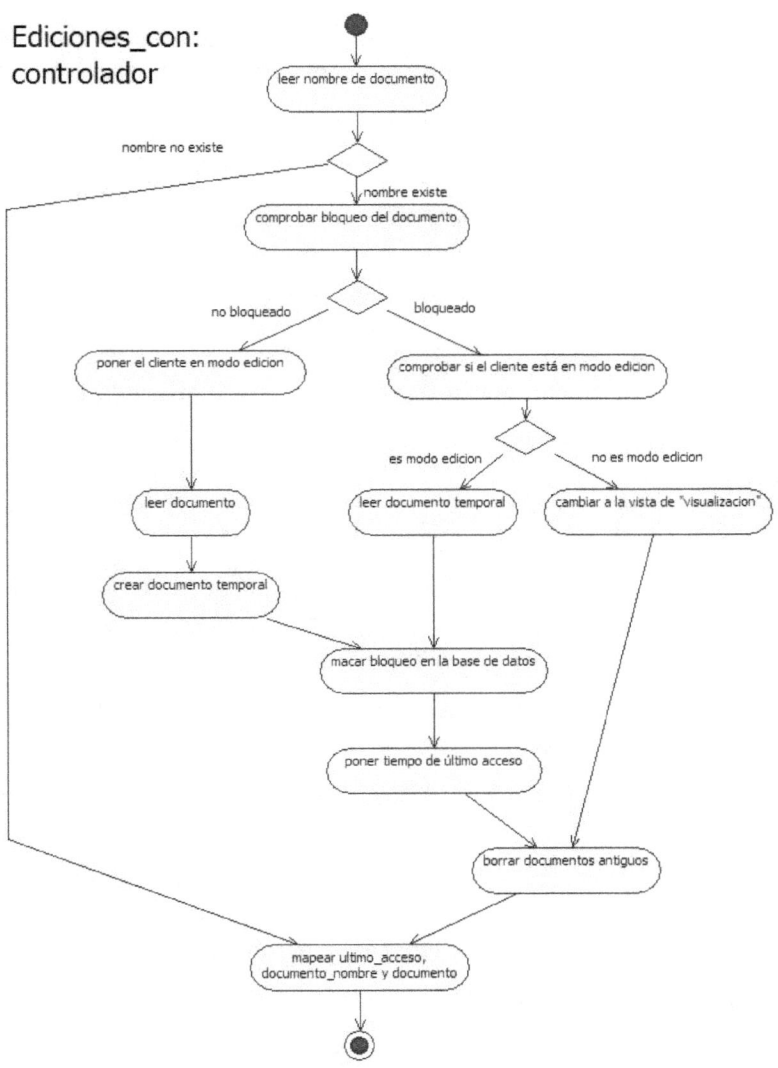

Ilustración 13: Diagrama de actividad del controlador de Ediciones_con

8. Además, preparamos el "tiempo de actualización" para retornarlo.

9. Hecho todo esto, llamamos a un proceso que elimina aquellos documentos que han superado el tiempo de caducidad que se definió en la clase *Configuraciones_con*:

```
public int dias_para_borrar_documentos = 10; // 10 días
```

10. Y, lo último que realizamos; y que es independiente de si recuperamos el nombre del documento, o no; consiste en preparar el mapa para que contenga:
    o los datos de retorno relativos al último acceso,
    o el nombre del documento,
    o y el texto contenido en el propio documento (del real o del temporal, según corresponda).

El funcionamiento del sistema es más sencillo de utilizar que de explicar.

1. Cuando se abre un documento, se copia a un archivo temporal.
2. Todas las modificaciones se actualizan sobre el archivo temporal.
3. Los clientes en modo: **solo consulta**, leen el archivo temporal.
4. Y los clientes en modo: **modificable** que refrescan página, o cambian de idioma, abren el archivo temporal.

La lectura, escritura y borrado de archivos

El método `leer_documento_utf8` se utiliza para leer el documento original o para leer el documento temporal. Su código es:

```
public boolean leer_documento_utf8 (String nombre_archivo,
    String [] texto, String [] error)
{
    boolean ret = true;
    texto [0] = "";
    try {
        File file = new File (nombre_archivo);
        if (file.exists ()) {
            FileInputStream fileinputstream = new
                FileInputStream (file);
            int tam = (int) file.length ();
            byte [] byte_array = new byte [tam];
            fileinputstream.read (byte_array, 0, tam);
            texto [0] = Paginas_mod.convertir_desde_UTF8
                (new String (byte_array));
            fileinputstream.close ();
        } else {
            file.createNewFile ();
```

```
        }
    } catch (FileNotFoundException e) {
        error [0] = configuracion_mod.getTraduccion_mod
            ().seleccionar("es", "Documento no encontrado ");
        error [0] = configuracion_mod.getTraduccion_mod
            ().seleccionar("es", "Document no found ");
        error [0] += e.getMessage ();
        error [0] += configuracion_mod.getTraduccion_mod
            ().seleccionar_fin();
        ret = false;
    } catch (IOException e) {
        error [0] = configuracion_mod.getTraduccion_mod
            ().seleccionar("es", "Error leyendo el documento
            ");
        error [0] = configuracion_mod.getTraduccion_mod
            ().seleccionar("es", "Error reading document ");
        error [0] += e.getMessage ();
        error [0] += configuracion_mod.getTraduccion_mod
            ().seleccionar_fin();
        ret = false;
    }
    return ret;
}
```

El método `escribir_documento_utf8` se utiliza para escribir el documento temporal. Su código es:

```
public boolean escribir_documento_utf8 (String
    nombre_archivo, String texto, String [] error)
{
    boolean ret = true;
    error [0] = "";
    try {
        File file = new File (nombre_archivo);
        if (! file.exists ()) {
            error [0] = "Crear documento";
            file.createNewFile ();
        }
        String texto_UTF8 =
            Paginas_mod.convertir_hacia_UTF8 (texto);
        error [0] = "";
        error [0] += configuracion_mod.getTraduccion_mod
            ().seleccionar ("es", "Abrir documento. ");
        error [0] += configuracion_mod.getTraduccion_mod
            ().seleccionar ("en", "Open documento. ");
        error [0] += configuracion_mod.getTraduccion_mod
            ().seleccionar_fin();
```

```
        FileOutputStream fileoutputstream = new
          FileOutputStream (file);
        error [0] = "";
        error [0] += configuracion_mod.getTraduccion_mod
          ().seleccionar ("es", "Escribir documento. ");
        error [0] += configuracion_mod.getTraduccion_mod
          ().seleccionar ("en", "Write document. ");
        error [0] += configuracion_mod.getTraduccion_mod
          ().seleccionar_fin();
        fileoutputstream.write (texto_UTF8.getBytes ());
        error [0] = "";
        fileoutputstream.close ();
    } catch (FileNotFoundException e) {
        error [0] += configuracion_mod.getTraduccion_mod
          ().seleccionar ("es", ": Documento no encontrado
          ");
        error [0] += configuracion_mod.getTraduccion_mod
          ().seleccionar ("en", ": Document not found ");
        error [0] += e.getMessage ();
        error [0] += configuracion_mod.getTraduccion_mod
          ().seleccionar_fin();
        ret = false;
    } catch (IOException e) {
        error [0] += configuracion_mod.getTraduccion_mod
          ().seleccionar ("es", ": Error escribiendo el
          documento ");
        error [0] += configuracion_mod.getTraduccion_mod
          ().seleccionar ("en", ": Error writting document
          ");
        error [0] += e.getMessage ();
        error [0] += configuracion_mod.getTraduccion_mod
          ().seleccionar_fin();
        ret = false;
    }
    return ret;
}
```

Para eliminar físicamente los archivos de un documento, empleamos el método:

```
public boolean borrar_archivos (String archivos_ruta,
String documento_nombre, String [] error)
{
    boolean ret = true;
    error [0] = "";
    String archivo = archivos_ruta + File.separator +
      documento_nombre;
```

```
File file = new File (archivo);
if (! file.delete ()) {
    error [0] = "";
    error [0] += configuracion_mod.getTraduccion_mod
        ().seleccionar ("es", "Error al borrar el
        archivo: ");
    error [0] += configuracion_mod.getTraduccion_mod
        ().seleccionar ("en", "Error deleting file: ");
    error [0] += documento_nombre + " ";
    error [0] += configuracion_mod.getTraduccion_mod
        ().seleccionar_fin();
    ret = false;
}
archivo = archivos_ruta + File.separator +
    documento_nombre + ".tmp";
file = new File (archivo);
if (! file.delete ()) {
    error [0] += configuracion_mod.getTraduccion_mod
        ().seleccionar ("es", "Error al borrar el archivo
        temporal de ");
    error [0] += configuracion_mod.getTraduccion_mod
        ().seleccionar ("en", "Error deleting the
        temporary file of ");
    error [0] += documento_nombre + " ";
    error [0] += configuracion_mod.getTraduccion_mod
        ().seleccionar_fin();
    ret = false;
}
return ret;
}
```

Comprobar bloqueos en la base de datos

Para comprobar un bloqueo, tenemos que mirar en el registro de la base de datos, en el registro propio del documento. Y comprobar que el tiempo de bloqueo está dentro del margen de un bloqueo, que está definido en *Configuraciones_mod*:

```
public long milisegundos_maximo_bloqueo = 300000; // 5 min.
```

El código del método es el siguiente:

```
public boolean comprobar_basedato_es_bloqueo (String
  documento_nombre, String [] error)
{
    boolean ret = true;
    error [0] = "";
```

```java
Mysql_conexiones conexion = new Mysql_conexiones ();
Configuraciones_mod configuracion_mod = new
  Configuraciones_mod ();
ret =
  conexion.conectar(configuracion_mod.getBasedatos_servi
  dor(), configuracion_mod.getBasedatos_nombre (),
  configuracion_mod.getBasedatos_nombre (),
  configuracion_mod.getBasedatos_clave (), error);
if (ret) {
    Connection connection = conexion.getConexion ();
    try {
        error [0] = "";
        error [0] +=
          configuracion_mod.getTraduccion_mod
          ().seleccionar ("es", "Crear estamento
          preparado. ");
        error [0] +=
          configuracion_mod.getTraduccion_mod
          ().seleccionar ("en", "Creating prepared
          statement. ");
        error [0] +=
          configuracion_mod.getTraduccion_mod
          ().seleccionar_fin();
        String comando_sql = "select tiempo_bloqueo"
          + "from documentos where id_documento = ?";
        PreparedStatement statement =
          connection.prepareStatement (comando_sql);
        error [0] = "";
        error [0] +=
          configuracion_mod.getTraduccion_mod
          ().seleccionar ("es", "Pasar el parámetro 1.
          ");
        error [0] +=
          configuracion_mod.getTraduccion_mod
          ().seleccionar ("en", "Passing parameter 1.
          ");
        error [0] +=
          configuracion_mod.getTraduccion_mod
          ().seleccionar_fin();
        statement.setString (1, documento_nombre);
        error [0] = "";
        error [0] +=
          configuracion_mod.getTraduccion_mod
          ().seleccionar ("es", "Ejecutar consulta. ");
        error [0] +=
          configuracion_mod.getTraduccion_mod
          ().seleccionar ("en", "Executing query. ");
```

```java
            error [0] +=
                configuracion_mod.getTraduccion_mod
                ().seleccionar_fin();
            ResultSet resultset = statement.executeQuery
                ();
            long milisegundos_maximo_bloqueo =
                configuracion_mod.getMilisegundos_maximo_bloq
                ueo ();
            if (! resultset.next ()) {
                error [0] = "";
                error [0] +=
                    configuracion_mod.getTraduccion_mod
                    ().seleccionar ("es", "No se ha
                    encontrado el documento en la base de
                    datos. ");
                error [0] +=
                    configuracion_mod.getTraduccion_mod
                    ().seleccionar ("en", "Document not found
                    in database. ");
                error [0] +=
                    configuracion_mod.getTraduccion_mod
                    ().seleccionar_fin();
                ret = false;
            }
            Timestamp tiempo_bloqueo =
                resultset.getTimestamp ("tiempo_bloqueo");
            if (tiempo_bloqueo == null) {
                tiempo_bloqueo = new Timestamp (0);
            }
            Date tiempo_actual = new Date ();
            if (tiempo_actual.getTime () -
                tiempo_bloqueo.getTime () >
                milisegundos_maximo_bloqueo) {
                error [0] = "";
                ret = false; // Está libre
            } else {
                error [0] = "";
                ret = true; // Solo para consulta
            }
            resultset.close();
        } catch (SQLException e) {
            error [0] += e.getMessage ();
            ret = false;
        } finally {
            conexion.desconectar (error);
        }
    }
```

```
    return ret;
}
```

Se hace una consulta para recuperar los datos del documento. Y se contrastan los datos recogidos (de tipo *Timestamp*) con el tiempo actual (con *Date*). Se convierten a milisegundos. Y se comparan. Si el tiempo es inferior al margen, está **bloqueado**. Si no lo es, está **libre**.

Recibir los cambios en el editor JavaScript con AJAX

En la página Web se presentan los métodos de envío de peticiones asíncronas AJAX, y la recepción de los datos. Ahora, se mencionará el procedimiento que ejecuta esas peticiones en el servidor.

Lo primero que hay que señalar es el hecho de que **las peticiones AJAX no necesitan entrar por el marco de la aplicación Web: *index.jsp*.** Por lo tanto, no hay que realizar comprobaciones de parámetros de vista, ni incluir vistas. Su funcionamiento es más sencillo. Tan solo llaman a un método en el servidor.

Un aspecto importante a tener en cuenta es que **las páginas que retornan las peticiones AJAX no deben guardarse en la cache del cliente Web.** Por defecto las almacena allí para ahorrar tiempo. Pero, entonces, no se actualizan adecuadamente. Por ese motivo, lo primero que haremos es enviar los comandos que instruyen para ello. Esto lo hacemos con el método de la clase *Paginas_mod*: responder_ajax_sin_cache. El cual tiene el siguiente código:

```
public static boolean responder_ajax_sin_cache
    (HttpServletResponse response)
{
    response.setHeader ("Cache-Control", "no-cache, must-
        revalidate");
    response.setHeader ("Pragma", "no-cache");
    response.setDateHeader ("Expires", 0);
    long ahora = System.currentTimeMillis ();
    response.setDateHeader ("Last-Modified", ahora);
    return true;
}
```

Por tanto, el proceso es el siguiente:

1- El cliente pide un método, llamando a una página Web en el servidor. En el caso de *edicion_vis.jsp*, llama a la página *ajax_edicion.jsp* (prefijo "ajax").

2- La página *ajax_edicion.jsp* no presenta código HTML, sino que devuelva código XML. Y sólo si se le pasan los parámetros correctos.

3- Se envía la información necesaria para que no se guarde en cache la respuesta.

4- Se instancia el bean: *Ediciones_con.java*. Y llama al método: ajax_controlador, que es el que hace todo el trabajo. Y retorna el contenido en el parámetro: mapa.

5- El mapa de retorno del método: ajax_controlador se recupera en *ajax_edicion.jsp*. **Y se modifica para eliminar los símbolos XML que pudieran ser problemáticos**.

    a. Hay que señalar que el código XML se prepara en esta página, no en el método: ajax_controlador.

El código de la página JSP: *ajax_edicion.jsp*, es el siguiente:

```
<?xml version="1.0" encoding="UTF-8"?>
<%@page contentType="text/xml" pageEncoding="UTF-8"%>
<%@page import="java.util.Map, java.util.HashMap"%>
<jsp:useBean id="configuracion_mod"
    class="pawja.Configuraciones_mod" scope="session" />
<jsp:useBean id="edicion_con" class="pawja.Ediciones_con"
    scope="page"/>
<jsp:useBean id="pagina_mod" class="base.Paginas_mod"
    scope="request" />
<contenido>
<%
pagina_mod.responder_ajax_sin_cache (response);
String ajax_edicion_error = "";
String ajax_edicion_ultimo_acceso = "";
String error[] = new String[1];
Map <String, String> mapa = new HashMap();
if (request.getParameter (configuracion_mod.getId_idioma
    ()) != null) {
    String idioma = pagina_mod.leer_y_guardar_dato_UTF8
        (configuracion_mod.getId_idioma (), request,
        session);
    configuracion_mod.escribir_idioma (request.getSession
        (), idioma);
}
boolean ret = edicion_con.ajax_controlador (request,
  pageContext, out, mapa, error);
```

```
if (! ret) {
    ajax_edicion_error = pagina mod.cambiar simbolos XML
        (error [0]);
%>
    <error><%= ajax_edicion_error %></error>
<%
}
if (mapa.get (edicion_con.getId_ultimo_acceso ()) != null)
{
    ajax_edicion_ultimo_acceso = mapa.get
        (edicion_con.getId_ultimo_acceso ());
    ajax_edicion_ultimo_acceso =
        pagina mod.cambiar simbolos XML
        (ajax_edicion_ultimo_acceso);
}
%>
<ultimo_acceso><%= ajax_edicion_ultimo_acceso
%></ultimo_acceso>
</contenido>
```

El método: `ajax_controlador`, atiende a dos parámetros distintos:

1. Para **recibir el texto del documento**, porque el **primer usuario** ha hecho cambios, comprobamos el nombre de parámetro definido en `id_documento`. Debemos escribir el texto en el archivo temporal. Y actualizar el tiempo del bloqueo. Tras hacer las comprobaciones.

2. Para **actualizar el bloqueo**, independientemente de si el **primer usuario** hizo cambios o no, comprobamos el nombre de parámetro definido en: `id_actualizar_documento`. Lo que hacemos es actualizar el tiempo de bloqueo. Tras las mismas comprobaciones que en el caso anterior.

El código fuente no se incluye. Pues es muy semejante al del método controlador.

Guardar el documento

La operación de guardado del documento implica copiar el contenido del archivo temporal en el definitivo. Para ello se realiza una llamada Ajax desde la vista *menu_izquierdo_vis.jsp*.

El código de la llamada JavaScript desde el cliente es el siguiente:

```
<script type = "text/javascript" src =
    "javascript/ajax_mod.js"></script>
```

```
<script type = "text/javascript">
function menu_izquierdo_guardar_documento ()
{
    var documento_nombre = "<%=
    menu_izquierdo_documento_nombre %>";
    var documento_nombre = encodeURIComponent
    (documento_nombre);
    var jsessionid = "<%= session.getId() %>";
    var jsessionid = encodeURIComponent (jsessionid);
    var get_o_post = false; // post
    var es_pedir_privilegios = false;
    var ret = ajax_enviar_peticion_con_funcion (
    "ajax_menu_izquierdo.jsp"
    , new Array ("<%= edicion_con.getId_documento_nombre
      () %>=" + documento_nombre,
      "jsessionid=" + jsessionid)
    , get_o_post
    , es_pedir_privilegios
    , menu_izquierdo_mensaje);
    return false;
}

function menu_izquierdo_mensaje (mensaje)
{
    alert (mensaje.trim());
}
```

Este archivo necesita que contener código JSP para que le proporcione los datos con el **nombre del documento** y el **identificador de la sesión Java**.

El retorno de la llamada Ajax es un texto que es utilizado para ponerlo en un `alert` JavaScript.

La página JSP encargada de recibir la petición Ajax del cliente es *ajax_menu_izquierdo.jsp*, la cual instancia el bean: *Menu_izquierdos_con*, y llama al método `ajax_controlador`.

El código *ajax_menu_izquierdo.jsp* es:

```
<%@page contentType="text/html" pageEncoding="UTF-8"%>
<%@page import="java.util.Map, java.util.HashMap"%>
<jsp:useBean id="configuracion_mod"
   class="pawja.Configuraciones_mod" scope="session" />
<jsp:useBean id="pagina_mod" class="base.Paginas_mod"
   scope="request" />
<jsp:useBean id="menu_izquierdo_con"
   class="pawja.Menu_izquierdos_con" scope="page"/>
```

```
<jsp:useBean id="edicion_con" class="pawja.Ediciones_con"
   scope="page" />
<%
pagina_mod.responder_ajax_sin_cache (response);
String error[] = new String[1];
Map<String, String> mapa = new HashMap();
if (request.getParameter (configuracion_mod.getId_idioma
   ()) != null) {
   String idioma = pagina_mod.leer_y_guardar_dato_UTF8
      (configuracion_mod.getId_idioma (), request,
      session);
   configuracion_mod.escribir_idioma(request.getSession
      (), idioma);
}
boolean ret = menu_izquierdo_con.ajax_controlador (request,
   pageContext, out, mapa, error);
String respuesta = "";
if (ret) {
   respuesta = mapa.get("respuesta");
} else {
   respuesta = error [0];
}
respuesta = pagina_mod.cambiar_simbolos_HTML (respuesta);
out.print (respuesta);
%>
```

El archivo obtiene la información del idioma, llama al método ajax_controlador y convierte el resultado en un texto preparado para visualizarse como en un archivo HTML.

El código del método Java: ajax_controlador, es:

```
public boolean ajax_controlador (HttpServletRequest
   request, PageContext pageContext, JspWriter writer, Map
   <String, String> mapa, String [] error)
{
   boolean ret = true;
   error [0] = "";
   HttpSession session = request.getSession ();
   configuracion_mod = (Configuraciones_mod)
      session.getAttribute ("configuracion_mod");
   Ediciones_con edicion_con = (Ediciones_con)
      pageContext.getAttribute ("edicion_con");
   if (request.getParameter
      (edicion_con.getId_documento_nombre ()) != null) {
      String documento_nombre =
         Paginas_mod.leer_y_guardar_dato_UTF8
```

```
      (edicion_con.getId_documento_nombre (), request,
        session);
    ServletContext servlet_context =
      pageContext.getServletContext ();
    String nombre_archivo = Paginas_mod.leer_ruta_real
      (servlet_context, edicion_con.getCarpeta ());
    nombre_archivo = nombre_archivo + File.separator +
      documento_nombre;
    String nombre_archivo_tmp = nombre_archivo +
      ".tmp";
    ret = copiar tmp a definitivo (nombre_archivo_tmp,
      nombre_archivo, error);
    if (ret) {
        ret = actualizar documento basedato
          (documento_nombre, error);
    }
    if (ret) {
        String texto = "";
        texto += configuracion_mod.getTraduccion_mod
          ().seleccionar ("es", "Documento guardado con
          éxito. ");
        texto += configuracion_mod.getTraduccion_mod
          ().seleccionar ("en", "Document successfuly
          saved. ");
        mapa.put ("respuesta", texto);
    }
  }
  return ret;
}
```

El método copiar_tmp_a_definitivo utiliza la clase *Files* y la clase *File* **(son diferentes)**. Y tiene el siguiente código:

```
public boolean copiar_tmp_a_definitivo (String archivo_tmp,
  String archivo_definitivo, String [] error)
{
    boolean ret = true;
    File file_tmp = new File (archivo_tmp);
    File file_definitivo = new File (archivo_definitivo);
    CopyOption [] options = new CopyOption [] {
      StandardCopyOption.REPLACE_EXISTING,
      StandardCopyOption.COPY_ATTRIBUTES
    };
    try {
        Files.copy (file_tmp.toPath (),
          file_definitivo.toPath (), options);
    } catch (IOException e) {
```

```
        error [0] = "";
        error [0] += configuracion_mod.getTraduccion_mod
            ().seleccionar ("es", "No se ha podido copiar el
            archivo temporal al definitivo. ");
        error [0] += configuracion_mod.getTraduccion_mod
            ().seleccionar ("en", "Not possible copying
            temporary file to final. ");
        error [0] += e.getMessage ();
        error [0] += configuracion_mod.getTraduccion_mod
            ().seleccionar_fin ();
        ret = false;
    }
    return ret;
}
```

Visualizar el documento

La vista de los documentos no es una opción accesible directamente desde el menú izquierdo. Es accesible desde la vista de edición. Es decir, que desde una vista, se cambia a otra. Para ello, se utiliza el valor retornado en **mapa_vis_pag** (se recibe con getMapa, y se pone con setMapa en *ediciones_vis_pag.jpg*), con el nombre de dato: *"vista"*, que, si existe, condiciona que se incluya, y que no se visualice la vista por defecto. El código que hace ese cambio de vista está en *edicion_vis*.jsp, y es el siguiente:

```
if (mapa_vis_pag != null && mapa_vis_pag.get ("vista") !=
null) {
    String vista = mapa_vis_pag.get ("vista");
    vista = pagina_mod.cambiar_vista (session, "id",
    vista);
%>
    <jsp:include page='<%= (vista + "_vis.jsp") %>'/>
<%
} else {
%>
    <...vista por defecto...>
```

La vista *visualizacion_vis_pag.jsp* presenta el **archivo temporal** que se crea cuando el primer usuario abre el documento para **Modificación**.

Una vez que la vista ha presentado su contenido, determina que la próxima vista vuelva a ser la de "edición". Esto lo hace situando el parámetro "id" a "edicion", lo que se consigue llamando a pagina_mod.cambiar_vista.

La llamada Ajax para actualizar la visualización

La vista de visualización incluye el código JavaScript para **actualizar el documento cada cierto tiempo**. Este código, realiza una llamada Ajax. Y le pasa el identificador de la etiqueta en la que se debe incluir el código, empleando el atributo innerHTML (**NOTA: deben respetarse las mayúsculas y las minúsculas (tanto en JavaScript como en Java)**).

El código JavaScript es el siguiente:

```
<script type="text/javascript">
```

```
function visualizacion_recibir_texto_completo ()
{
    var ret = true;
    var documento_nombre = "<%=
        visualizacion_documento_nombre %>";
    var documento_nombre = encodeURIComponent
        (documento_nombre);
    var idioma = traduccion_mod.idioma;
    var idioma = encodeURIComponent (idioma);
    var jsessionid = "<%= session.getId() %>";
    var jsessionid = encodeURIComponent (jsessionid);
    var get_o_post = false; // post
    var es_pedir_privilegios = false;
    ret = ajax_enviar_peticion_con_id_elemento (
        "ajax_visualizacion.jsp"
        , new Array ("<%= edicion_con.getId_documento_nombre
            () %>=" + documento_nombre,
            "<%= configuracion_mod.getId_idioma () %>=" +
            idioma,
            "jsessionid=" + jsessionid)
        , get_o_post
        , es_pedir_privilegios
        , "visualizacion_div");
    return ret;
}


window.setInterval (visualizacion_recibir_texto_completo,
    configuracion_mod.milisegundos_recibir_texto);
<%
if (visualizacion_actualizar_ahora) {
%>
    // Llamada JavaScript
    visualizacion_recibir_texto_completo ();
<%
}
%>
</script>
```

Los parámetros que se envían son completados con código JSP. La llamada Ajax se realiza cada cierto intervalo. Además, existe una llamada Ajax de actualización inmediata. La cual se realiza en función de una variable JSP: visualizacion_actualizar_ahora.

El intervalo en milisegundos, de petición de datos, se establece en el archivo JavaScript: */javascript/ configuraciones_mod.js* que se carga desde *index.jsp*.

La recepción de la petición Ajax de visualización

La petición Ajax se envía a un archivo JSP especializado para esa vista, y que se denomina *ajax_visualizacion.jsp*. En general, el prefijo "**ajax_**" se aplica a estos archivos. Los cuales solo presentan resultados, si reciben los parámetros adecuados. Su código es el siguiente:

```
<%@page contentType="text/html" pageEncoding="UTF-8"%>
<%@page import="java.util.Map, java.util.HashMap"%>
<jsp:useBean id="configuracion_mod"
    class="pawja.Configuraciones_mod" scope="session" />
<jsp:useBean id="pagina_mod" class="base.Paginas_mod"
    scope="request" />
<jsp:useBean id="visualizacion_con"
    class="pawja.Visualizaciones_con" scope="page"/>
<jsp:useBean id="edicion_con" class="pawja.Ediciones_con"
    scope="page"/>
<%
pagina_mod.responder_ajax_sin_cache (response);
String error [] = new String [1];
Map <String, String> mapa = new HashMap ();
if (request.getParameter (configuracion_mod.getId_idioma
    ()) != null) {
    String idioma = pagina_mod.leer_y_guardar_dato_UTF8
        (configuracion_mod.getId_idioma (), request,
        session);
    configuracion_mod.escribir_idioma (session, idioma);
}
visualizacion_con.ajax_controlador (request, pageContext,
  out, mapa, error);
if (mapa.get ("documento") != null) {
    out.print (mapa.get ("documento"));
}
%>
```

El parámetro "idioma" tiene predominio sobre el que existiera previamente en el servidor. Puesto que los datos se reciben en UTF-8, hay que convertirlos a Unicode. Además, siguiendo la filosofía de "**simetría de datos**", se actualizan los datos de sesión con los parámetros recibidos.

El dato "documento" del mapa, es incluido directamente en la respuesta. Es código HTML, que se va a presentar tal cual es. Es decir, tal y como se genera en el editor por el primer usuario.

Crea un documento nuevo

El procedimiento, de crear un nuevo documento, implica la presentación de un formulario, en el que se pide el nuevo nombre. Después, se comprueba que ese documento no existe, ya, en la base de datos.

Si existe, se emite un mensaje de error. Y no se cambia de vista.

Si no existe, se debe cambiar de vista, para poner la **vista de edición**. Sin embargo, existe un problema: la **vista de edición** está dividida en un archivo **_vis_pag** y un archivo **_vis**. Esto obliga a que el controlador de la **vista de documento nuevo**, deba ser un controlador de página; es decir, un archivo **_vis_pag**.

Cuando el controlador de página indique que hay que cambiar a la **vista de edición**, se vuelve a cargar el controlador **_vis_pag** de la nueva vista. Para ello, existe un bucle **while**, que termina cuando el controlador de página no hace cambio de vista. Es decir, cuando la nueva vista coincide con la antigua.

El controlador de página: *nuevo_vis_pag.jsp* se encuentra en *Nuevos_con.java*. En los datos de retorno del **mapa**, está el dato "redireccion". Si no existe, no hay cambio de vista. Y se muestra el contenido por defecto. El cual precisa de los datos de la paginación de la tabla que contiene los nombres de archivos registrados en la base de datos. Para presentar dicha tabla precisa de:

```
mapa.put ("aplicar xsl resultado", resultado [0]);
mapa.put (pagina mod.getPaginar inicio (), Integer.toString
   (paginar_inicio [0]));
mapa.put (pagina mod.getPaginar fin (), Integer.toString
   (paginar_fin [0]));
```

En "aplicar_xsl_resultado" está el código HTML de la tabla, tras haber realizado el procesamiento del archivo XSL: *nuevo.xsl*, situado en la carpeta: *xsl*, dentro de las carpeta: *vistas*. Existe un archivo XSL para cada idioma (*es*, *en*), dentro de la carpeta: *xsl*.

Si hay cambio de vista, se notifica mediante el método de *Paginas_mod*: `cambiar_vista`. Y en *index.jsp* se leería con `recupera_vista`.

La paginación de la tabla con documentos disponibles, se realiza mediante el método de *base.Paginas_mod*: `paginar_paginable`. El cual necesita un objeto que cumpla con la interfaz: *I_paginable*. Lo que implica que presente los métodos: `listar_documentos_xml` y `getRuta_xsl`.

El cambio de idioma

En general, el cambio de idioma tiene dos fases:

1. Los mensajes de error, que se programan, deben indicar su idioma, para ello, tanto en **JavaScript** como en **Java** se emplea el método: seleccionar. Esto se realiza en el momento de programar.
   - En JavaScript está definido en:
     /javascript/ traducciones_mod.js.
   - En Java está en la clase: *base.Traducciones_mod.java.*
2. El **código HTML** debe dividirse; separando la parte que es independiente del idioma, de la parte que sí depende del idioma. Esto es un trabajo que se realiza una vez que se han superado las pruebas para un idioma en concreto. Ya que separar el código HTML puede dar lugar a dos tipos de archivos:
   - Archivos HTML puro, sin código JSP.
   - Archivos JSPF, es decir, fragmentos JSP con código Java. Lo que los hace más difíciles de mantener.

En el caso de que el cambio de idioma se pueda realizar en cualquier momento, como ocurre en esta aplicación. El método de cambio debe estar presente siempre. Por ese motivo se ha situado en la cabecera del sitio Web.

El cambio de idioma no tiene ningún parámetro que sirva para volver a la página Web presente cuando se solicita. Básicamente, solo tiene información del nuevo idioma. Pero las vistas que se presentan, cuando se hace ese cambio, deberían tener los mismos datos que recibieron cuando se crearon.

Puede existir un problema de pérdida de información cuando se pulsa el hiperenlace del idioma. Que es, para cada idioma:

```
<a href="index.jsp?id=cabecera&idioma=en">
<a href="index.jsp?id=cabecera&idioma=es">
```

Por tanto, el cambio de idioma solicita la vista "cabecera". Pero, además, afecta a todas las vistas presentes (cabecera, menú_izquierdo, pie y <contenido>), pues todas ellas deben verse en el nuevo lenguaje. Por lo que se tiene que emplear un archivo **_vis_pag.jsp**, que es *cabecera_vis_pag.jsp*. El código de este archivo, simplemente, actualiza el **idioma**, que es un dato de *Configuraciones_mod*. Y repone la vista que existía antes de llamar a *cabecera_vis_pag.jsp*, la cual está almacenada en una variable de sesión. Su código es:

```
<%@page contentType="text/html" pageEncoding="UTF-8"%>
<%@page import="java.util.Map, java.util.HashMap"%>
<jsp:useBean id="configuracion_mod"
   class="pawja.Configuraciones_mod" scope="session" />
<jsp:useBean id="pagina_mod" class="base.Paginas_mod"
   scope="request" />
<%
if (request.getParameter ("idioma") != null) {
   String idioma = pagina_mod.leer_y_guardar_dato_UTF8
    ("idioma", request, session);
   configuracion_mod.escribir_idioma (session, idioma);
}
String vista = (String) session.getAttribute ("id");
pagina_mod.cambiar_vista (session, "id", vista);
%>
```

Si el cambio de vista (que se recupera con: recuperar_vista en *index.jsp*, un método de *base.Paginas_mod*) implica incluir un archivo **_vis_pag**; entonces, *index.jsp* realiza esa acción.

Dado que la aplicación utiliza el método de "**simetría de datos**", los datos que no se envían en la petición de cambio de idioma, son recuperados de las variables de sesión. Sin embargo, dicha recuperación implica programación adicional; que debe realizarse meticulosamente, página por página, y para los casos de uso en los que se deban aplicar.

Mejoras propuestas para la aplicación

Una mejora que se deja para que el lector la implemente, si lo desea; es cambiar el modo de funcionamiento de la aplicación Web para que, en lugar de trabajar con archivos temporales, trabaje con variables de memoria que se almacenen dentro de la aplicación Web completa. Para ello, no se deben poner en el objeto `session`. Sino que se deben poner en el objeto `application` de la página JSP, que es del tipo *ServletContext*, y que representa toda la aplicación.

Se deberían modificar todos los métodos que afectan a los archivos temporales: `borrar_archivos`, `escribir_documento_utf8`, `leer_documento_utf8`, y `copiar_tmp_a_definitivo`.

Esta solución puede acabar consumiendo mucha memoria en el servidor, pero sería más rápida. Hay que valorar qué es más importante. Lo robusta que es, ante un gran número de usuarios. O lo veloz que es, pues el acceso a memoria es más rápido que a disco.

Anexo I: Palabras clave de Java

En este anexo se presentan las palabras clave de Java, y se comentan algunos consejos de programación al respecto.

Comentarios

Se hacen con **//** hasta fin de línea, o con **/*** hasta que se encuentra el primer ***/**.

Mezcla de código Java y otro código

La etiqueta de inicio: **<%** permite escribir código Java hasta que se encuentra con la primera etiqueta de fin: **%>**. Fuera de ellas, no es código Java y, normalmente, se emplea código HTML. Pero podría ser otro código.

Otras etiquetas son:

3. Escribir texto en la página. Se usa la etiqueta **<%=** *<variable, método, grupo entre paréntesis>* **%>**
4. Declarar atributos para la clase que representa la página JSP (no se recomienda): **<%!** *<declarar atributo de clase>* **%>**.

Constantes

Los **enteros** son números sin decimal, positivos o negativos. Son de 32 bits. Su rango es: `Integer.MIN_VALUE` hasta `Integer.MAX_VALUE`. El formato de un entero es:

`[+-]?[0-9]+`, donde los corchetes agrupan los caracteres posibles (se elige uno), el signo ? Indica que es opcional y el + indica su presencia como mínimo 1 vez, y posibilidad de repetirse.

Los **flotantes** tienen el formato:

`[+-]?(([0-9]*[\.][0-9]+)|([0-9]+[\.][0-9]*))[eE][+-]?{[0-9]+})`

<Signo><Número>.<Número><Exponente><Signo><Número> Donde todo es opcional, menos: el primer entero, o el punto y los decimales. Los flotantes tienen una precisión de unos 14 decimales. Su rango es: `Float.MIN_VALUE` hasta `Float.MAX_VALUE`.

Los **booleanos** solo son `true` y `false`. El primero tiene el valor entero 1 y el segundo el valor entero 0.

Las **variables nulas**: una variable puede ser nula si se le asigna el valor **null** o **NULL**.

Los **caracteres** son un elemento del conjunto de caracteres Unicode, se ponen entre comillas simples (').

Las **cadenas de caracteres** son texto delimitado por la comillas dobles ("). Los caracteres de escape son:

- \n avance de línea (LF o 0x0A (10) en ASCII).
- \r retorno de carro (CR o 0x0D (13) en ASCII).
- \t tabulador horizontal (HT o 0x09 (9) en ASCII).
- \v tabulador vertical (VT o 0x0B (11) en ASCII).
- \e escape (ESC o 0x1B (27) en ASCII).
- \f avance de página (FF o 0x0C (12) en ASCII).
- \\ barra invertida.
- \" comillas dobles.
- \[0-7]{1,3} la secuencia de caracteres que coincida con la expresión regular es un carácter en notación octal.
- \x[0-9A-Fa-f]{1,2} la secuencia de caracteres que coincida con la expresión regular es un carácter en notación hexadecimal.

Existen otros formatos de cadenas de caracteres. Pero no se recomiendan; y no se explican, por ello, en este libro.

Instrucciones de control

Las instrucciones de control pueden no ir seguidas de inicio de bloque, pero se recomienda que sí lo hagan.

Se recomienda que dentro de un bloque, se aderechen las líneas con cuatro espacios en blanco. Y que el final de un bloque se aizquierde con cuatro espacios, y con un salto de línea tras él.

Bifurcaciones

Hay varios tipos de bifurcaciones:

- La <bifurcación if> es:

```
if (<expresión con resultado booleano>){
    <código>
}
```

- La <bifurcación if-else> es:

```
if (<expresión con resultado booleano>){
    <código>
} else {
    <código>
}
```

El bloque de **else** se ejecuta en caso de que la <expresión con resultado booleano> sea falsa.

```
if (<expresión con resultado booleano>){
    <código>
} else <bifurcación if o if-else>
```

- La instrucción de bifurcación por casos:

```
switch (<elección>) {
case <opción>: <código>
        break; // Ruptura de switch y de bucle.
case <opción>: <código>
        break; // Ruptura de switch y de bucle.
        ...
default: <código>
}
```

En el **switch** break es opcional, si falta se continúa por el case siguiente. Sin embargo, no se recomiendan los **case** sin **break**.

No se recomienda utilizar el **switch** porque da lugar a fallos humanos frecuentemente.

Los bucles

Hay cuatro tipos de bucles. Pero se pueden resumir a dos, que son los que se recomiendan utilizar:

```
while (true) {
    if (<condición de salida del bloque>) {
        break; // Salida de un bucle (for, while, foreach)
    }
    <código>
}

for (<variable receptora> : <colección o array a recorrer>)
{
    <código>
}
```

Permite recorrer arrays; y listas, u otras colecciones. El array se recorre en el orden en el que se crearon sus elementos. El bucle termina cuando se acaba el array, o cuando encuentra un **break**.

Los siguientes bucles no se recomiendan:

```
for (<asignación>; <expresión con resultado booleano>;
 <código>) {
    <código>
}

do {
    <código>
} while (<expresión con resultado booleano>);

while (<expresión con resultado booleano>) {
    <código>
}
```

En general, poner las expresiones de salida dentro de la zona entre paréntesis del bucle, genera dificultades. Pues confunden éstas, y las que se ponen dentro del código, y que bifurcan con **break**. Es mejor utilizar solo bifurcaciones a **break**, y no emplear las otras.

continue, dentro de un bucle, hace que la ejecución del mismo salte todas las instrucciones del bucle que le siguen, y vuelve al principio del mismo. No se recomienda su uso, pues hace más difícil de entender el código.

Los tipos de datos

Existen unos tipos de primitivos:

- **byte**: El tipo de dato byte es un entero de 8 bits complemento a dos. Su valor mínimo es -128 y el máximo 127 (incluido).
- **short**: El tipo de dato short es un entero de 16 bits complemento a dos. Su valor mínimo es -32,768 y el máximo 32,767 (incluido).
- **int**: El tipo de dato int es un entero de 32 bits complemento a dos. Su valor mínimo es -2,147,483,648 y el máximo 2,147,483,647 (incluido).
- **long**: El tipo de dato long es un entero de 64 bits complemento a dos. Su valor mínimo es -9,223,372,036,854,775,808 y el máximo 9,223,372,036,854,775,807 (incluido).

- **float**: El tipo de dato float es un dato en coma flotante IEEE 754, de 32 bits y precisión simple. Este tipo de dato nunca debería ser usado para valores precisos como, por ejemplo, divisas. Para esto se recomienda usar la clase: *java.math.BigDecimal*.

- **double**: El tipo de dato double es un dato en coma flotante IEEE 754, de 64 bits y precisión doble. Como ya se ha mencionado, este tipo de dato no se debería utilizar para valores precisos como, por ejemplo, divisas.

- **boolean**: El tipo de dato boolean solamente tiene dos valores posibles: true (verdadero) y false (falso).

- **char**: El tipo de dato char es un solo carácter Unicode de 16 bits. Tiene un valor mínimo de '\u0000' (o "0") y un máximo de '\uffff' (o 65.535 incluido).

Además, se pueden definir clases para representar nuevos datos estructurados. Estas clases se instancian para construir objetos, que se manejan igual que las variables de los tipos primitivos. Salvo que, cuando se pasan como parámetro a los métodos, entonces, sus atributos son modificables y los cambios permanecen al terminar el método (paso por referencia). En cambio, los tipos primitivos, cuando se pasan como parámetros a los métodos, no recogen cambios una vez que finaliza el método (paso por valor).

Clases

Describen estructuras de datos y métodos; con la palabra clave: `class`. Pueden extender una clase (herencia simple) con `extend`. Para el caso en el que se deban sustituir métodos de la clase base (padre); dicha sustitución tiene la anotación `@override`.

Las clases también implementan interfaces, uno o más. Se emplea la palabra `implements`.

Las clases son definiciones. Se convierten en contenedores de información cuando se instancian en objetos. Para instanciarlos se utiliza el operador **new**. Los objetos se comportan como variables, atributos, y constantes con nombre, lo que se menciona más adelante.

Un atributo es un dato que pertenece a una clase. Cuando la clase se instancia, el atributo pertenece al objeto, si no es `static`.

Los atributos, métodos, clases, e interfaces, declarados dentro de una clase pueden ser: `public`, `protected`, `private` o <de paquete>.

Lo que significa que son accesibles desde el objeto que instancia la clase (utilizando el operador **new**); desde la clase que extiende esa clase; solo desde dentro de la clase; o visible desde las clases del mismo paquete. También pueden marcarse con `transient`, para indicar que no son serializables. Lo que significa que no se utilizan en los procesos de serialización.

Una clase es **serializable** si implementa la interfaz `java.io.Serializable`, y tiene un constructor sin parámetros. Si además de ser serializable, tiene sus atributos accesibles por métodos **getter** o **setter** (se explican más adelante), entonces es un **bean**.

En una archivo **.java** solo puede haber una clase pública, y con el mismo nombre que el archivo.

Dentro de una clase, o un método, se pueden declarar clases e interfaces.

Dentro de los métodos se pueden crear clases e interfaces anónimos. No tienen nombre, les debe seguir **new** () { *<declaración de la clase>* }. Si se usa **new** *<clase>* () { *<declaración de la clase>* }, entonces está extendiendo la *<clase>*.

Las clases se agrupan en `packets` (paquetes), que se representan físicamente como carpetas.

Las variables, objetos, parámetros, atributos y métodos pueden ser: `final`. Lo que significa que son constantes; y, en el caso de los métodos, no pueden sustituirse (`@override`).

Los atributos, métodos, clases, e interfaces, pueden ser `static`. Lo que significa que no tienen dependencias de los elementos que no son `static`. También significan que no se instancian en objetos de manera separada. Sino que todos los objetos usan los mismos elementos `static`.

Variables u objetos, atributos, y constantes con nombre

Las **variables u objetos** se declaran dándoles un **tipo**, un nombre, y asignándoles un valor (opcional). Las **variables** son de tipo primitivo. Los **objetos** son instancias de clases, se crean con el operador **new**.

Para crear un objeto de tipo array se le pone: **[]** detrás del tipo. Para crear un array se usa **new** *<tipo>* **[***<número de elementos>***]**. Para arrays de varias dimensiones se añaden corchetes **[]** por cada dimensión. Por ejemplo:

```
int [][] puntos = new [2][3];
```

Luego, opcionalmente, se pueden poner sus valores, en lugar de usar **new**, con: **= {** *<lista de valores separados por comas>* **};**. En el caso de arrays multidimensionales, el primer array contiene otros arrays y así sucesivamente. Por lo que los valores de esos sub-arrays reciben valor inicial con: **{** *<lista de valores separados por comas>* **}**, dentro de la lista de la dimensión anterior. Por ejemplo:

```
int [][] puntos = {{1, 2}, {3, 4}};
```

Los elementos de un array se identifican con corchetes y un número dentro de ellos (su índice). **El primer elemento de un array es el 0** (esto suele dar lugar a confusión en los nuevos programadores).

Un array puede contener más arrays, por lo que los corchetes se van añadiendo de manera consecutiva. Una asignación a un elemento de un array de dos niveles podría ser:

```
<variable array> [<índice nivel 1>] [<índice nivel 2>] =
    <valor>;
```

Los nombres de variables y constantes no pueden comenzar por un número ni contener caracteres que den lugar a confusión: (. , ; " '). Se recomienda utilizar solo el alfabeto simple (sin acentos, ñ, ni ç) Usar solo minúsculas para las variables, y solo mayúsculas para las constantes; que terminen en singular; y usar palabras completas con significado, separadas por un guion bajo (_).

Las constantes con nombre se crean dentro de las clases como `static final`; y se les asigna un valor al declararlas. No se recomienda la creación de constantes, pues limitan los cambios en la aplicación.

Métodos

Los métodos se declaran como:

```
<tipo o clase de retorno> <nombre método> (<tipo o clase
    del parámetro> <parámetro de entrada>, <...>, <clase de
```

```
modificación> <parámetro de modificación>, <...>, <clase de
salida> <parámetro de salida>, <...>, String [] error)
{
    boolean ret = true;
    error [0] = "";
    <código>
    return ret;
}
```

Se recomienda que las funciones siempre devuelvan `true` si terminan bien o con acierto; y `false` si terminan sin acierto, o con algún error.

Un **getter** es un método cuyo nombre está formado por:

get<*nombre de atributo modificado*> (). Y retorna el *tipo o clase del atributo*.

Un **setter** es un método cuyo nombre está formado por:

set<*nombre de atributo modificado*> (<*tipo o clase del atributo*> <*nombre del atributo*>).

El <*nombre de atributo modificado*> significa que comienza por mayúscula.

Las interfaces

Contienen definiciones de métodos, pero que no tienen código que le den capacidad de ejecución. Solo tiene la firma del método: nombre, parámetros, tipo de retorno, y otros aspectos.

Se declaran con la palabra clave: `interface`. Cuando una clase implementa un interfaz debe crear el código de los métodos que la interfaz define. Los puede etiquetar con `@override` para indicar que son sustituciones de la firma indicada por la interfaz.

Los enumerados

Son listas de nombres que se pueden equiparar con números ordinales, pero que se declaran como nombres. Se declaran dentro de las clases o de los métodos, con enum. Por ejemplo:

```
public enum Puntos_cardinales {norte, este, sur, oeste};
```

Cada objeto de un tipo enumerado tiene unos métodos para manejarlos: `name`, `toString`, `ordinal`, y `compareTo`. Pero no se usa **new** para instanciarlos.

Los valores de un enumerado son accesibles; poniendo delante el nombre del enumerado al que pertenecen. Por ejemplo: `Puntos_cardinales.norte`.

Los enumerados pueden tener atributos, pero su uso no es muy habitual y no se mencionan.

Los operadores

Los **operadores matemáticos** son: + - * / % y el – unario. El % es el resto de la división entera (con el signo del dividendo).

Para las **operaciones lógicas** tenemos: !, &&, ||, que se corresponden con las operaciones, respectivamente, de: negación, "y" lógico, y "o" lógico.

Los **operadores de comparación** son:

- a == b Igual: **verdad** si a es igual a b. Esta comparación solo debe emplearse con los tipos primitivos. Si se usan con objetos instanciados de clase se comparan las direcciones de memoria donde se alojan, no sus valores.
- a != b Diferente: **verdad** si *a* no es igual a *b*.
- a < b Menor que: **verdad** si *a* es estrictamente menor que *b*.
- a > b Mayor que: **verdad** si *a* es estrictamente mayor que *b*.
- a <= b Menor o igual que: **verdad** si *a* es menor o igual que *b*.
- a >= b Mayor o igual que: **verdad** si *a* es mayor o igual que *b*.

Estas comparaciones solo deben emplearse con los tipos primitivos. Si se usan con objetos instanciados de clase se comparan las direcciones de memoria donde se alojan, no sus valores.

El operador de **concatenación de cadenas de caracteres** es el más (+).

Los operadores de incremente y decremento son ++ y --. Pueden ir delante o detrás de una variable. Y la suman o restan uno, entero. Se recomienda ponerla delante, y no emplearla nunca en las expresiones compuestas.

Existen **operadores de asignación** como: +=, -=, *=, /=, %=.

Existen otros operadores menos utilizados, y que no se exponen.

En el caso de la clase `String`, es muy habitual intentar emplear los operadores de los tipos primitivos. Pero es un error, ya que es una clase, no un tipo primitivo. La comparación se debe realizar con `equals`, o con `compareTo`.

Anexo II: Palabras clave de JavaScript

Comentarios

- // Comentario de una línea, finaliza con el salto de línea.
- /* */ Comentario delimitado: inicio: /*, y finaliza al encontrar el primer */.

Contantes

- Números (enteros o flotantes): Internamente, JavaScript representa todos los números como valores de punto flotante.

  Se pueden representar en base 10 (decimal), base 16 (hexadecimal) y base 8 (octal). La mayor parte de los números de JavaScript se escriben en decimal.

  Para indicar enteros hexadecimales ("hex"), ponga como prefijo "0x" (cero y x o X). Sólo pueden contener dígitos del 0 al 9 y letras de la A, a la F (mayúsculas o minúsculas). Las letras comprendidas entre la A y la F se usan para representar, como dígitos únicos, los números comprendidos entre 10 y 15 en base 10. Es decir, 0xF es equivalente a 15 y 0x10 es equivalente a 16.

  Para denotar enteros octales, ponga como prefijo un "0" (cero) inicial. Sólo pueden contener dígitos del 0 al 7. Un número precedido por un "0" y que contiene los dígitos "8" y/o "9" se interpreta como un número decimal.

  Los números hexadecimales y octales pueden ser negativos, pero no pueden contener una parte decimal ni escribirse en notación científica (exponencial).

  Los valores de punto flotante pueden ser números enteros con una parte decimal (con el punto decimal ("."")). Además, pueden expresarse en notación científica. Es decir, se usa una "e" en mayúsculas o minúsculas para representar "diez a la potencia de". JavaScript representa los números usando el estándar de punto flotante de ocho bytes de IEEE 754 para la representación numérica. Esto significa que puede escribir números tan grandes como 1,79769x10308 y tan pequeños como 5x10-324.

  Hay unos valores especiales para los números:

- o NaN (no es un número). Se utiliza al realizar una operación matemática en datos inapropiados, como cadenas o con el valor no definido
- o Infinito positivo. Se utiliza cuando un número positivo es demasiado grande para representarlo en JavaScript. `Infinity es Number.POSITIVE_INFINITY`.
- o Infinito negativo. Se usa cuando un número negativo es demasiado grande para representarlo en JavaScript. Por tanto, `-Infinity es: Number.NEGATIVE_INFINITY`.
- o Cero negativo y positivo. JavaScript distingue entre cero positivo y negativo.
- o También existen `Number.MAX_VALUE` y `Number.MIN_VALUE`.

- Booleanos: Son `true` (verdad) o `false` (falso).
- Cadenas de caracteres: Se definen delimitándolas entre comillas simples ('). O entre comillas dobles ("). Permiten insertar caracteres especiales mediante las secuencias de escape: \', \", \\, \n (nueva línea), \r (retorno de carro), \t (tabulador), \b (espacio atrás), \f (salto de página), \u... (Carácter Unicode codificado en hexadecimal).
- El valor nulo: `null` o `NULL`. Referencia a nada.
- El valor indefinido: `undefined`. Permite preguntar si una variable ha sido definida o no. Por ejemplo: `if (x == undefined) { ...`

Las variables, las constantes y los arrays

En JavaScript son distintas las letras mayúsculas y minúsculas, por lo que se recomienda utilizar solo minúsculas. Sin embargo, los objetos ya creados siguen otro sistema de nomenclatura. Y las mayúsculas se utilizan en ellos, y deben respetarse.

Las variables se declaran con la instrucción: `var`. Si no se usa, se entiende que la variable mencionada es **global, externa a la función**. Y, si no existe, se producirá un error en tiempo de ejecución.

Se pueden declarar variables con `let` de modo que su existencia está limitada al bloque de código, y no a la función.

Las constantes se declaran con: `const`, le sigue un nombre y luego la asignación, con =, del valor que va a tener. Una vez creadas no pueden cambiar de valor.

Los arrays, de índice numérico, se crean poniendo sus valores entre corchetes, por ejemplo:

```
var array_nuevo = ["cero", "uno", "dos"];
var array_otro = [];
```

El acceso a los elementos de un array se hace con los corchetes. Por ejemplo: `array_nuevo [0]`.

Un array puede contener otros arrays. En ese caso se ponen los índices, entre corchetes, a continuación unos de otros, para acceder a los subarrays. Por ejemplo:

```
var array_2D = [["cero"], ["uno"], ["dos"]];
array_2D [0][0]; // referencia "cero"
```

Los arrays se indexan a partir del cero. Y pueden tener por índice una cadena de caracteres. Por ejemplo:

```
array_nuevo ["tres"] = "otro valor";
```

En cuyo caso se puede denominar de dos formas, con el índice [2] (pues 0, 1 y 2 ya estaban asignados) y con el índice "tres".

También se pueden crear con:

```
var array_forma_1 = new Array ();
var array_forma_2 = new Array ("cero", "uno", "dos");
var array_forma_3 = new Array (3); // 3 elementos.
```

Para conocer la longitud de un array se usa:

```
<nombre del array>.length
```

Para eliminar elementos de un array o de un objeto se utiliza:

```
delete <elemento del array>
```

También se pueden referenciar los índices de un array con un punto seguido de su nombre. Esto no es válido si el índice empieza por un número. Así, es equivalente, por ejemplo: `array_forma_2 ["cero"]`, que también puede ser usado como: `array_forma_2.cero`.

La asignación de array no copia su contenido. Sino que comparte la referencia al mismo. Si se quiere crear una copia de un array hay que emplear el método **slice ()**. Por ejemplo:

```
mi_array = [1];
mi_array_1 = mi_array;
mi_array_1 [0] = 2; // Cambia también a mi_array,
                    // pues son el mismo.
```

```
mi_array_1 [0] = mi_array.slice ();
mi_array_1 [0] = 3; // Solo cambia a mi_array_1,
                    // pues son distintos ahora.
```

Los tipos de datos

Para conocer el tipo de datos de una variable se utiliza: `typeof`. Devuelve una cadena de caracteres con el tipo. Los tipos posibles son:

- Indefinido: `"undefined"`
- Nulo: `"object"`
- Booleano: `"boolean"`
- Numero: `"number"`
- Cadena de caracteres: `"string"`
- Es una function: `"function"`
- Objeto XML: `"xml"`
- Un objeto: `"object"`

Operadores

- Matemáticos: + (suma, también concatena cadenas de caracteres), - (resta), * (multiplicación), / (división decimal), % (resto de la división entera), ++ (preincremento o postincremento, con 1), -- (predecremento o postdecremento, con -1), - (signo negativo, cambia el signo).
- De concatenación de cadenas de caracteres: +. Concatenación y asignación: +=.
- Operadores lógicos: && ("y lógico"), || ("o lógico"), ! ("negación lógica).
- Comparación: == (igualdad), != (distinto), === (iguales y del mismo tipo de datos), !== (distintos o de distinto tipo de datos), > (mayor), >= (mayor o igual), < (menor), <= (menor o igual)
- Operaciones de bits: & ("y binario"), | ("o binario"), ^ ("xor binario"), ~ ("no binario"), << (desplazar bits a izquierda rellenando con ceros), >> (desplazar bits a derecha propagando el signo), >>> (desplazar bits a derecha rellenado con ceros)
- Asignación: =, += (suma y asigna), -= (resta y asigna), *= (multiplica y asigna), /= (divide y asigna)

- o Asignación con operadores de bit: >>=, <<=, >>>=, &=, |=, ^=.

- **NOTA: El operador = copia los elementos de tipo básico: Number, Boolean, String. Pero con los objetos y arrays establece una referencia hacia ellos. Es decir, los comparte.**
  - o De modo que **si se quiere crear una copia de un "array" hay que emplear el método:** slice (). Por ejemplo:

```
mi_array = [1];
mi_array_1 = mi_array;
mi_array_1 [0] = 2; // Cambia a mi_array, pues son el
mismo.
mi_array_1 [0] = mi_array.slice ();
mi_array_1 [0] = 3; // Solo cambia a mi_array_1,
                    // pues son distintos ahora.
```

  - o **Si se quiere crear una copia de un "objeto" hay que emplear un bucle** (los objetos se explican más adelante). Por ejemplo:

```
objeto_x = {x: 1 };
objeto_1_x = objeto_x;
objeto_1_x.x = 2; // Cambia a objeto_x.x, pues son el
mismo.
var i = 0;
for (i in objeto) {
    objeto_1 [i] = objeto [i];
}
objeto_1_x.x = 3; // Solo cambia a objeto_x.x,
                  // pues son distintos ahora mismo.
```

  - o **NOTA:** Sin embargo, **si el objeto "contiene otros objetos o arrays", no sirve; y hay que crear una función recursiva.** Por ejemplo:

```
function globales_copiar (origen, destino)
{
    if (typeof (origen) == "object") {
        if (! Object.isFrozen (origen)) {
            for (var i in origen) {
                destino [i] = globales_copiar (origen [i],
                destino [i]);
            }
        }
        return destino;
    } else {
```

```
        return origen;
    }
}
```

Instrucciones de control

El código se estructura en bloques, que comienzan con la llave de inicio ({) y terminan con la llave de fin (}).

Se recomienda hacer un salto de línea después de la llave de apertura ({) y aderechar las siguientes líneas cuatro espacios. Y cerrar el bloque en una nueva línea y aizquierdar cuatro espacios antes del cierre (}). Después de la llave de cierre se hace un salto de línea.

Las instrucciones de control pueden no llevar bloque, pero se recomienda que siempre lo lleven.

Bifurcaciones

*   La instrucción if:

```
if (<condición booleana>) {
    <código>
}

if (<condición booleana>) {
    <código>
} else {
    <código>
}

if (<condición booleana>) {
} else if (<condición booleana>) {
    <código>
} else {
    <código>
}
```

Pueden situarse múltiples condiciones intermedias con: else if. La parte final: else { … } es opcional.

*   La instrucción: switch. No se recomienda usarla.

```
switch (<variable>) {
case <valor>: <código>
    break;
default: <código>
}
```

Pueden ponerse múltiples casos. La instrucción break es opcional, pero se recomienda emplearla. La parte final: default, es opcional.

No se recomienda el uso de saltos y etiquetas. Sin embargo, se pueden realizar saltos en mediante la creación de etiquetas, con el formato: <nombre de etiqueta>: (dos puntos detrás).

Se salta a ellas con break <nombre de etiqueta>, o con continue <nombre de etiqueta>.

Bucles

Se recomienda utilizar un único modelo de bucle:

```
while (true) {
    if (<condición de fin de bucle>) {
        break;
    }
    <código>
}
```

La condición de salida puede ser múltiple, y situarse en diferentes puntos dentro del código del bucle.

Para recorrer los atributos de un array o de un objeto, en el orden de creación, se utiliza:

```
for (<variable> in <array u objeto>) {
    <código>
}
```

En la *variable* se guarda el **nombre** del índice del array o del atributo, como una cadena de caracteres. El bucle termina cuando no hay más elementos por recorrer, dentro del array o el objeto.

La **ruptura de un bucle** se realiza con la instrucción break. Existe otra instrucción para saltar el bucle, llegar a su fin y pasar a su comienzo, que es: continue, pero no se recomienda utilizarla.

Existen otros que no se explican detalladamente:

```
while (<condición de salida>) {
    <código>
}

do {
    <código>
} while (<condición de salida>);
```

```
for (<iniciación>; <condición de salida>; <código>) {
   <código>
}
```

Las funciones

Se declaran con la palabra reservada: `function`. Luego le sigue el nombre de la función y los parámetros. Después le sigue el bloque con el cuerpo de la función.

Para que una función retorne un valor se utiliza: `return`, dentro del cuerpo de la función. Y, a continuación, el dato que devolver.

Se recomienda que todas las funciones devuelvan un valor booleano: `true` si termina correctamente o su resultado es verdad. O `false` si termina con algún error o su resultado es falso. También se recomienda que exista una variable donde se devuelva un mensaje de error en caso de que se haya producido alguno.

Los parámetros no son cambiables dentro de la función. A menos que sean elementos de arrays; o atributos, o métodos, de objetos. Es decir, que sean referencias a los datos que se pasaron en la llamada. Si se intenta modificar un valor constante se producirá un error.

Se recomienda que los parámetros que pueden cambiar, tengan un sufijo que indique ciertas características:

- Un **array** de un solo elemento, tendrá el sufijo: "**_0**".
- Un **array** de elementos desconocidos, tendrá el sufijo: "**_array**".
- Un **objeto** con un único atributo (x), tendrá el sufijo: "**_x0**".
- Un **objeto** dos atributos (x, y), tendrá el sufijo: "**_x0y1**".
- Un **objeto** un único atributo (x), que es un array de elementos desconocidos, tendrá el sufijo: "**_x0_array**".

Para pasar datos que van a ser modificados, y que no son arrays ni objetos, puede ser preciso ponerlos dentro del índice 0 de un array. Por lo que hay que crear dicho array solo para el paso y la recepción, de los datos del parámetro cambiable. Por ejemplo, un array con un elemento (`[0]`) que contendrá el valor `100`, se formaría como: `var resultado_0 = [100];`

Otra solución es no crear variables de tipo simple. Sino que todas sean objetos (los objetos se explican más adelante). Por ejemplo, crear una variable número como: `var resultado_x = {x: 100};` Y referirse a ella como: `resultado_x.x`.

Se recomienda que el nombre de una función comience por un "sujeto agrupador", que coincida con el nombre del archivo al que pertenece; si estamos realizando programación funcional. Luego un verbo en infinitivo, seguida por el predicado. En Programación Orientada a Objetos no se precisa poner un "sujeto agrupador".

Los parámetros pueden no ponerse todos cuando se llama a la función. En ese caso, los que no reciben valor serán: `undefined`.

Se puede crear una variable que sea una función si se le asigna y, tras la asignación, se define la función:

```
var <variable> = function (<parámetros>) {
    <cuerpo de la función>
}
```

Existen otros métodos, pero no se recomiendan.

Si una variable recibe el nombre de una función, pero sin parámetros, ni paréntesis; entonces, se convierte en una referencia a esa función. Cuando se utilice se le pasarán los parámetros como si fuera una función más.

Dentro de una función se pueden declarar funciones, pero no se recomienda hacerlo.

Funciones globales

Son las siguientes:

- `eval ()`: Evalúa código JavaScript pasado como una cadena de texto. No se recomienda utilizarla.
- `isFinite ()`: Informa si un número es infinito o finito.
- `isNaN ()`: Informa si un valor es un número o no lo es.
- `parseFloat ()`: Convierte una cadena de caracteres a un número flotante.
- `parseInt ()`: Convierte una cadena de caracteres a un número entero.
- `decodeURI ()`: Desconvierte una URI a una cadena de caracteres ISO-8859-1, desconvirtiendo los caracteres especiales de la manera adecuada.

- `decodeURIComponent` ( ): Desconvierte un Componente de una URI a una cadena de caracteres ISO-8859-1, desconvirtiendo los caracteres especiales de la manera adecuada.

- `encodeURI` ( ): Convierte una cadena de caracteres ISO-8859-1 al formato de una URI, convirtiendo los caracteres especiales de la manera adecuada.

- `encodeURIComponent` ( ): Convierte una cadena de caracteres ISO-8859-1 al formato del componente de una URI, convirtiendo los caracteres especiales de la manera adecuada.

Programación orientada a objetos

- Para **crear una clase** se utiliza el siguiente sistema:
  1. Se crea una función **que va a tener el nombre de la clase**.
  2. Dentro de la función se incluyen sus atributos mediante la palabra clave: `this`, seguida por un punto y el nombre del atributo.
  3. Los métodos se crean asignándoles una función detrás del nombre del método, y del operador =, y utilizando la palabra clave `function`. También se les puede asignar el nombre de una función que ya existe, sin paréntesis detrás. En este segundo caso, se recomienda que tengan en su nombre el prefijo que corresponde con el nombre de la clase y del archivo, pues se recomienda que cada clase esté en un archivo (salvo excepciones).

- Otras formas de **crear un objeto con estructura** son las siguiente:
  1. Declarar como una variable y asignarle un bloque vacío. Por ejemplo: var objeto = {};
  2. Declarar como una variable y asignarle un bloque con las asignaciones de atributo y métodos **(utilizando dos puntos (:), en lugar del signo igual (=))**. Por ejemplo:

```
var objeto = {
    atributo: valor,
    metodo: function () {
        <cuerpo del método>
    },
    metodo: <nombre función>
}
```

- Si se declaran funciones dentro de la función constructora de una clase (la que tiene el nombre de la clase), éstas son **privadas**. A menos que se hagan **públicas** al asignarlas a un atributo de la clase, con this.`<atributo>` = `<nombre de función>`.
    o Por ese motivo, puede resultar interesante que todas las funciones de una clase, tanto las **privadas** como las **públicas** se declaren dentro de la función constructora. Las variables locales de la función constructora serán atributos **privados**, pues son variables globales para esas funciones.
- Para **crear un objeto**, es decir, para instanciar una clase; se utiliza la palabra reservada: **new**, y luego se llama a la función que tiene el nombre de la clase. Esta función puede o no, tener parámetros.
    o Todos los objetos descienden del objeto **Object**.
- Es posible sumar a un objeto el equivalente a un objeto padre, que se referencia sin mencionar a dicho objeto, sino directamente sus propiedades y método; mediante el atributo "**prototype**" que todos los objetos tienen. Existen otros usos que no se mencionan, pues corresponden a un nivel muy particular de programación en JavaScript que no se asemeja con otros lenguajes de programación. El modo de añadir un objeto "padre" a otro es:

`<objeto>`.prototype = new `<objeto padre>`;

- Si se desea que una clase defina una, o más de una, clase "padre"; lo que se hace es que se indica que sume al constructor de la clase (la función, o el bloque {…}) la otra clase. Mediante la instrucción:

`<función-clase padre>`.call (this, `<parámetros de la función-clase padre>`)

    o Sin embargo, si la clase padre tiene funciones miembro con el mismo nombre que las de la clase padre. Solo una de ellas permanecerá. Eso significa que no hay funciones polimórficas, ni se le puede identificar como funciones diferentes por la clase en la que han sido definidas.
- **Los objetos se comportan de una manera muy semejante a los arrays, en muchos aspectos.**

Programación de una aplicación Web con Java y Ajax

- El operador de asignación no copia un objeto en otro. Sino que hace que compartan la referencia. Igual que con los arrays
  - **Si se quiere crear una copia de un objeto hay que emplear una función recursiva.** Por ejemplo:

```
function globales_copiar (origen, destino)
{
    if (typeof (origen) == "object") {
        if (! Object.isFrozen (origen)) {
            for (var i in origen) {
                destino [i] = globales_copiar (origen [i],
                    destino [i]);
            }
        }
        return destino;
    } else {
        return origen;
    }
}
objeto_origen = {atributo: "valor"};
objeto_destino = new objeto ();
objeto_destino = globales_copiar (objeto_origen,
  objeto_destino);
```

Esta función no usa error_0 ni devuelve verdad o falso. Pues se ha escrito para que funcione con cualquier tipo de dato. Es necesario indicar que, en los tipos simples, la asignación no se puede hacer en el parámetro, pues se pasan por copia, no por referencia.

- Dentro de la Programación Orientada a Objetos se incluye un mecanismo de tratamiento de errores fuera de la secuencia de llamadas desde los cuerpos de las funciones. Son las **excepciones**.

Las excepciones se lanzan con: throw *<objeto lanzado>*.

Y se capturan con:

```
try {
    <código susceptible de lanzar excepciones que serán
    capturadas>
} catch (<variable que recibe el objeto lanzado>) {
    <tratamiento de la excepción>
}
```

- Para **eliminar** un atributo de un objeto o un elemento de un array se utiliza:

```
delete <atributo>
```

- Para saber si un atributo **pertenece** a un objeto se usa: in. A la izquierda el objeto, y a la derecha el nombre de la clase.

- Para conocer **de qué clase** es un objeto se usa: instanceof. A la izquierda el objeto, y a la derecha el nombre de la clase.

- Para separar las funciones públicas de las privadas, se puede asignar a "this" únicamente la **parte pública**, y declarar las funciones **privadas** a variables dentro de la función constructora de la clase. Estas variables serán globales para las funciones públicas, si es que se declaran dentro del cuerpo del constructor. Por ejemplo:

```
function ejemplo_clases {
    var privada = <nombre_funcion>;
    this.metodo_publico = function (error_0) {
        <cuerpo de la función>
        var ret = privada (error_0); // llamada a una
        función
                                    // privada.
        return ret;
    };
}
```

Dentro de un objeto pueden crearse más objetos. Esto permite que se aniden encapsulaciones de objetos, lo que equivale al concepto de "**namespace**" de la programación orientada a objetos. Por ejemplo:

```
var namespace_1 = {
    atributo_1: "valor";
    namespace_2 : {
        atributo_1: "otro valor";
    };
};
```

Objetos globales

Existen objetos disponibles para el programador. Los más importantes son:

- Object: Crea un objeto a partir de pares: (atributo, valor, atributo, valor,...)

○ Presenta el método `freeze` que hace que un objeto sea inmutable, es decir, que es como si lo convirtiera en algo semejante a una constante. Se puede utilizar para crear "**enumerados**".

○ El método `seal` impide que se le añadan atributos y métodos, pero no que sus atributos existentes cambien. Sella un objeto es la mejor manera de evitar que por accidente se añadan atributos porque se hayan escrito mal. Basta con sustituir `new` `<función constructora>`; por `Object.seal` (`new` `<función constructora>`);

- `Function`: Crea una función.
- `Error`: Crea un objeto Error para el uso en las excepciones.
- `Array`: Crea un objeto Array.
- Objetos booleanos, de número y fechas:
    ○ `Boolean`: Crea un objeto booleano.
    ○ `Number`: crea un número.
    ○ `Math`: Contiene métodos matemáticos.
    ○ `Date`: Contiene métodos de fecha y hora.
- Procesar texto:
    ○ `String`: Contiene métodos de manejo de cadenas de texto.
    ○ `RegExp`: Contiene métodos de manejo de expresiones regulares de texto.
- Objetos de internacionalización
    ○ `Intl`: Contiene métodos para adaptarse a los formatos de números, fechas, comparaciones de caracteres, etc., diferentes según qué países.

Otros elementos

No se comentan los siguientes elementos de JavaScript: `void`, `<condición>` ? `<Si verdad>` : `<Si falso>`, `export`, `import`, `with`, `yield`, los "iterator" y los "generator".

www.ingramcontent.com/pod-product-compliance
Lightning Source LLC
Chambersburg PA
CBHW051919170526
45168CB00001B/450